Si la psychanalyse m'était contée

Si la psychanalyse m'était contée

Groupe Eyrolles
61, bd Saint-Germain
75240 Paris cedex 05

www.editions-eyrolles.com

© Groupe Eyrolles, 2011
ISBN : 978-2-212-54736-8

Docteur Mario Bensasson

Si la psychanalyse m'était contée

Les mots de la psychanalyse
au fil des millénaires

EYROLLES

À Danielle,
Sans qui ce livre ne serait pas

Nous remercions pour leur aide précieuse, les docteurs :
Henry CUCHE, psychiatre
Charles FROHWIRTH, psychiatre et psychanalyste
Annette FRÉJAVILLE, pédopsychiatre et psychanalyste
Michel HAAG, psychiatre
Geneviève HAAG, pédopsychiatre et psychanalyste

Nous remercions pour leur relecture vigilante :
Édith BOTTINEAU-FUCHS
Guy PETITDEMANGE
Philosophes

SOMMAIRE

Deuxième partie
COMPLEXES

Troisième partie

LEXIQUE MINIATURE

Introduction

- Les mots de la psychiatrie et de la psychanalyse.
- La névrose : matière première de la psychanalyse.
- Les psys.

LES MOTS DE LA PSYCHIATRIE ET DE LA PSYCHANALYSE

Ceci n'est pas un livre savant mais un petit lexique de mots courants, venus de la psychanalyse. Ces mots décrivent des *états d'âme* : angoisses, espoirs, désespoirs, désirs, joies, chagrins : un peu de tout ce qui agite et trouble notre vie quotidienne, la plus intime comme la plus exposée.

Cet **au-dedans de nous**, Freud avait choisi de le désigner par *âme* : mot court, mais plein de résonances. Il a déplu en raison de ses connotations populaires et religieuses. Ses traducteurs ont préféré le remplacer par un terme abstrait d'allure savante.

Les mots de la psychiatrie

Psychose, névrose, hystérie, paranoïa, schizophrénie, et bien d'autres encore, ont été cueillis dans le jardin savant des racines grecques.

Son vocabulaire resta longtemps réservé aux seuls médecins. Non pas seulement en raison d'un esprit de clan habituel à *ceux qui savent*, mais parce que les différences de niveau culturel étaient alors encore plus marquées qu'aujourd'hui entre les classes de la société.

Les termes de la psychiatrie sont néanmoins entrés lentement dans la langue populaire, mais ce fut presque toujours au prix de distorsions de sens considérables.

L'exclamation fréquente : « C'est psychiatrique ! » désigne aujourd'hui tous les comportements déviants de nos contemporains – comme si la rumeur publique confondait dans une même réprobation la psychiatrie du XIXe siècle et les maladies mentales qu'elle prétendait soigner par l'enfermement et par la camisole.

* * *

Les mots de la psychanalyse

Inconscient, complexes, régression, frustration, défenses, infantile, sublimation, refoulement, lapsus, transfert ont une tout autre origine.

On doit leur création au génie d'un homme, Sigmund Freud, médecin neurologue viennois qui vécut de 1856 à 1939. Il a péché son vocabulaire dans la langue allemande, le plus souvent celle des gens cultivés, quelquefois dans la langue commune.

En l'aidant à construire, pièce par pièce, sa doctrine, la plupart de ces mots ont également subi de sa part une modification de sens qui est restée discrète, proche de la créativité verbale populaire. Elle a apporté une résonance neuve.

Le bouquet des néologismes freudiens a fleuri et s'est diversifié. Il a été traduit en de très nombreuses langues. Il fait aujourd'hui partie de la culture générale d'une bonne partie de l'humanité instruite, et même de celle qui l'est moins.

* * *

Il a fallu compter avec les délicats problèmes de traduction : passer de l'allemand au français n'était pas facile. L'influence néfaste de quelques traducteurs a pu s'exercer impunément. Ils ont choisi d'être peu ou pas compréhensibles pour s'isoler dans leur tour d'ivoire.

Les dégâts commis n'ont pas été entièrement réparés. Ces messieurs ont ainsi remplacé le mot *âme* par un terme très pédant : « appareil psychique ». Grâce à quoi l'être humain se trouve pourvu de deux mécaniques : *l'appareil psychique* dans la boîte crânienne, *l'appareil dentaire* dans la cavité buccale !

Le *moi*, notion limpide, est devenu l'*ego*, et il est entré tel quel dans le langage. Le snobisme s'en est aussitôt emparé. On dira : « *Je suis atteint dans mon ego* », ça fait chic ; mais : « *Mon moi a beaucoup souffert* », ça fait plouc ! Quand on annonce simplement : « *J'ai souffert* », tout le monde pourrait comprendre.

* * *

Quand Freud a adopté, un terme tiré du grec ou du latin (*complexe d'Œdipe, libido*), il l'a fait par nécessité : il n'avait pas trouvé d'équivalent valable en allemand. Mais, tout en respectant l'apport du passé, il a lié étroitement le terme nouveau à l'idée nouvelle. Et celle-ci a pu se répandre en douceur sans subir de dérive fâcheuse. Sous sa plume, la langue grecque ne joue pas le rôle de diviseur entre les hommes. Elle conduit à des représentations connues, portées par la littérature universelle et la légende. Ce sont davantage des scènes grecques que des mots grecs.

Il n'est pas de secteur de la médecine ni des sciences humaines où la cohabitation ait été plus réussie entre langage professionnel et langage populaire. S'il existe une vulgarisation respectable, on la découvrira ici.

***

L'exemple le plus remarquable de diffusion de la pensée de Freud reste en France celui de **Françoise Dolto**. Chaque jour, pendant des années, elle a accepté de répondre en direct sur France Inter aux questions que les parents se posent sur l'éducation de leurs enfants.

Elle donna des leçons de vérité et de droiture, de respect du petit d'homme, dès son plus jeune âge. Elle parlait pourtant d'un sujet explosif : la sexualité de l'enfant. Pour elle, *l'autorité* des parents restait absolument nécessaire. Mais non *l'autoritarisme*. Entre ces deux conceptions, le combat n'est pas terminé.

6

Une telle pédagogie eut été impensable pour diffuser le vocabulaire de la psychiatrie classique : il est moins porteur de sens et de nouveauté.

***

On a vu plus haut tout ce que l'expression : « *C'est psychiatrique !* » pouvait contenir de réprobation à l'égard d'un passé médical ancien et toujours présent.

À l'inverse : « *C'est freudien !* » annonce le fin du fin de l'analyse psychologique, comme si Freud avait pu écarter tous les démons de la folie, ou du moins les avait rendus plus aimables par la grâce éclairante d'un vocabulaire plus subtil[1].

---

1. Notre lexique comporte quelques particularités :
    – le choix d'un nombre limité de mots : ce petit lexique n'est en rien un dictionnaire de psychanalyse. C'est une simple invite à la réflexion provenant d'un médecin de famille à partir des constats qu'il a pu faire. Il y manque des mots importants. Si vous voulez découvrir Freud, ne lisez que lui et non ses commentateurs. On peut trouver d'excellents « morceaux choisis ». Si vous êtes en psychothérapie, ou si vous envisagez d'en faire une, attendez de l'avoir finie pour le lire !
    – l'usage fréquent de paraboles, dans l'espoir de rendre plus claires des formulations qui nous ont semblé difficiles à saisir ;
    – la répétition, sans doute excessive, de quelques idées qui nous tiennent à cœur, d'un chapitre à l'autre ou à l'intérieur du même ;
    – la présence de « mots d'enfants » relevés sur une longue période (sur nos enfants et petits enfants).

LA NÉVROSE : MATIÈRE PREMIÈRE DE LA PSYCHANALYSE

La signification populaire du mot

Les citations qui suivent ont été recueillies en interrogeant une quinzaine de personnes, d'âge, de profession et de milieux très divers. Petit échantillon mais grande variété d'opinions.

Pour beaucoup d'entre eux, le mot *névrose* semble assez difficile à cerner. En lui cherchant des points d'appui, chacun pioche dans l'étymologie : on cite : *maladie des nerfs, nervosité, neurasthénie.*

L'impossibilité de fournir une définition précise agace assez souvent nos interlocuteurs. La névrose leur apparaît comme un « *ensemble flou* », mais séduisant.

Mot-aimant, il attire à lui, comme un aimant attire la limaille de fer, les concepts simples de la psychologie populaire, puis très vite d'autres termes plus élaborés.

Nous avons entendu d'abord, sur le mode élémentaire :

- « *être mal dans sa peau, anxieux, agressif* » ;

- « *douleurs, rhumatismes, tout ce qu'on veut* » ;

- « *quelque chose de noir peut-être* » ;

- « *associée au complexe : des personnes un peu recroquevillées* ».

Au total c'est un malaise confus, inexplicable, mais que tout le monde pourrait éprouver un jour.

* * *

En précisant leur pensée, les gens retrouvent l'un après l'autre, les mots-clés servant à identifier les névroses : ceux dont se servent les professionnels !

Aucun autre domaine de la médecine n'est pareillement accessible au profane. Ceci démontre à quel point on est entré dans une « science humaine ».

On trouve citées les notions :

- d'**angoisse :** « *L'angoisse n'est pas encore une maladie, la névrose, c'est l'angoisse au plus haut degré* » ;

- de **phobie** extrême : « *Ça me semble plus important que la phobie, c'est un état de peur* » ;

- d'**obsession**, rimant avec obstination : « *État obsessionnel avec, je crois, une fixation de quelque chose* » ;

- d'**hystérie**, mais avec une certaine prudence : « *Même genre de terme qu'hystérie* »…

Ainsi un petit groupe de personnes peut rebâtir un chapitre entier de la médecine mentale, ou du moins en esquisser les titres et en pressentir le contenu : *névrose d'angoisse, névrose phobique, névrose obsessionnelle, névrose hystérique* sont des termes inventés par Freud.

Ces mots ciblés sont opérationnels dans la mesure où ils permettent d'identifier telle ou telle conduite observable : *un angoissé, un phobique, un obsédé, un hystérique :* chacun sait, à peu près, ce que cela veut dire, pour en avoir croisé un spécimen ou pour avoir parcouru lui-même un bout de ces chemins-là.

* * *

Toutefois on relève une lacune majeure dans cette préscience du public : Freud a situé l'origine des névroses dans l'éveil sexuel précoce de la petite enfance et dans la répression dont il est l'objet de la part des parents, des éducateurs, et de l'enfant lui-même, et personne n'en parle !

Il faut admettre que cette relation de cause à effet n'est pas évidente. La répression parentale pèse beaucoup moins sur les enfants qu'à l'époque de Freud mais les névroses fleurissent toujours autant à l'âge adulte !

* * *

Le mot *névrose*, malgré son peu d'usage aide pourtant le public à ressembler tous les comportements qu'il ressent comme déviants par rapport à ce qui lui semble « normal ».

Quand une personne attire l'attention parce qu'elle n'est *pas comme tout le monde,* elle est considérée le plus souvent comme ayant de simples *lubies,* de la *distraction* (elle s'isole alors qu'elle se trouve dans un groupe), des singularités anodines : « Il ne faut pas faire attention » telle est la formule d'usage. Et *l'on attend que ça se passe.*

Avec patience, avec obstination, les gens bienveillants (ils sont nombreux) essaient de ramener le mouton noir dans la troupe.

LES PSYS

Psys : la brochette des diplômés

Le diplôme de *psy* est délivré à la suite d'études diverses et qui sont pour la plupart de création assez récente[1].

Jadis *on prenait sur soi*. De nos jours, on prend sur les autres, et surtout sur un *psy*.

Ça aide.

* * *

Il existe un vaste marché de soins psychologiques. On y trouve :

- des psychologues-psychothérapeutes. Certains se sont fait psychanalyser ;

---

1. Seules les spécialités médicales sont anciennes : le mot neurologue apparaît en 1907, neuropsychiatre en 1913, les deux termes sont quasiment synonymes jusqu'aux années 1970. Le mot psychiatre est présent dès 1802, mais une psychiatrie autonome n'existe que depuis les années 1970.

- des médecins-psychiatres ; ils sont les seuls à pouvoir prescrire des médicaments. Tous ont eu ou devraient avoir eu une formation psychanalytique ; cette formation nous paraît nécessaire pour des raisons que nous exposons plus loin. Certains exercent comme psychanalystes à titre exclusif ou préférentiel ;
- des psychanalystes-non médecins, centrés sur l'exercice exclusif de la psychanalyse.

* * *

L'origine et la formation sont ainsi très diverses.

Un seul trait commun : la psychanalyse qu'ils ont eu presque tous à connaître ou qu'ils exercent eux-mêmes.

* * *

Les mots qui commencent par *psy* ont, pour la plupart, été créés au cours du XXe siècle, à la suite de *psychanalyse* (1909) et *psychanalyste* (1912) qui annonçaient cette révolution des mentalités.

Au XIXe siècle le romantisme amenait le triomphe de l'introspection littéraire. Le siècle suivant assurait le triomphe de l'introspection médicalisée.

Le terme *psy*, bref, vif, sifflant, ne jaillit qu'en 1972. Depuis, il circule vite, mais il aura fallu du temps pour que le grand public accède à la familiarité possessive de cette abréviation.

Selon le *Petit Robert*, *psy* désigne « *un professionnel de la psychologie, de la psychiatrie, de la psychanalyse, de la psychothérapie* » : ce dernier terme nous semble le plus important des quatre, puisqu'il coiffe et résume le sens des trois autres. Car tout *psy* est un psycho*thérapeute* ou aspire à le devenir.

***

Le psychologue-psychothérapeute

Dans la série des mots *psy* seuls *psychologue* et *psychologie* ont un sens flatteur dans la langue usuelle : « *Il est bon psychologue* » ou bien : « *Elle ne manque pas de psychologie* » suggèrent une association de tact et de sensibilité.

Psychologie est apparu beaucoup plus tôt que les autres mots : en 1690 ; il désignait alors une connaissance métaphysique de l'âme humaine.

Mais en tant que personne exerçant un métier, le **psychologue** existe seulement depuis 1903. De nos jours il a fait des études universitaires durant cinq années, en se frottant à des matières pointues, souvent abstraites, et en suivant de nombreux stages. Après quoi il rédige un mémoire et reçoit un diplôme.

Il peut alors exercer son métier, le plus souvent dans des établissements publics ou semi-publics comme salarié.

Le psychologue reçoit les patients. Il prend en charge, en partie ou en totalité, leur psychothérapie. Il leur fait parfois passer des « tests ». Il oriente vers l'assistante sociale ceux qu'on appelle – faute d'une dénomination plus chaleureuse – les *cas sociaux*.

Elle (ou il) travaille en équipe avec le médecin-psychiatre. C'est une association nécessaire dans le secteur public, où ceux qui soignent subissent souvent la pression de la demande et de la misère.

Nombre de psychologues souhaiteraient devenir, au moins partiellement, des psychothérapeutes exerçant en ville de manière autonome. Surtout s'ils ont suivi une analyse didactique.

Mais, en France du moins, leur exercice privé pose problème : il n'est pas pris en charge par l'assurance-maladie.

** * **

Le mot « psy » désigne le plus souvent le médecin-psychiatre

Ce spécialiste émerge lentement au cours du XIXe siècle.

Au terme de sept années d'études de médecine, il accomplira un internat psychiatrique de quatre à cinq années validant dans sa spécialité.

Après son internat, il pourra continuer à exercer dans un hôpital psychiatrique.

Les conditions de travail y sont habituellement plus dures qu'ailleurs : surpeuplement, personnel insuffisant, violences parfois, responsabilités lourdes toujours, problèmes de transfert en milieu carcéral des psychotiques délinquants : il existe une zone grise entre ces hôpitaux et les prisons.

Si bien que les médecins psychiatres s'orientent souvent, dès la fin de leur internat ou un peu plus tard, vers un exercice libéral, un peu plus paisible, en médecine de ville. Ils le font assez fréquemment pour devenir des analystes.

La plupart d'entre eux exercent *en face à face*. Leurs séances sont d'une durée variable, parfois assez longues. Certains se sont fait psychanalyser, et sont aussi des analystes, surtout dans les anciennes générations. Souvent, les plus jeunes d'entre eux se sont éloignés de la psychanalyse et ne la pratiquent guère. Un certain nombre d'entre eux n'ont pas jugé nécessaire de se faire psychanalyser.

L'analyse personnelle, dite « didactique », nous semble permettre de mieux assurer les « *contre-transferts* » ; le patient réalise en effet, constamment sur la personne de son thérapeute un « *transfert* » qui le transforme en figure parentale. Le « *contre-transfert* » aide sans doute le thérapeute à ne pas mélanger les problèmes des patients et les siens propres – surmontés ou résiduels.

Certains donnent la première place aux **médicaments psychotropes** qui agissent souvent vite sur l'humeur, la fatigue, l'anxiété et rechargent le cerveau en neuromédiateurs qui lui manquent.

Parmi les médecins-psychiatres, certains ont une générosité naturelle qui améliore profondément leur relation au patient et qui, dans les meilleurs cas, ne s'affaiblit pas avec le temps : ils aident réellement leurs malades et ils sont contents de les aider.

Certains psychiatres-psychanalystes exercent pour une bonne part en institution. Ce fut le cas pour Françoise Dolto, psychanalyste d'enfants. Le « problème d'argent » est ainsi supprimé.

La plupart des médecins psychiatres garderont des contacts nombreux et réguliers avec les confrères qui ont le même mode d'exercice ou qui ont une compétence particulière : les séminaires sont indispensables et font partie de la formation permanente.

***

Le psy peut être également un psychanalyste non médecin

Celui-ci est surtout présent depuis une cinquantaine d'années. Il a eu du mal à s'imposer en raison du discrédit dont a longtemps souffert le freudisme parmi les médecins français.

Il a acquis une connaissance approfondie de la psychanalyse. Elle assoit sa légitimité.

Il a d'abord suivi un cycle d'études universitaires : soit psychologie (et c'est logique), soit une autre formation d'études supérieures dans les sciences humaines, notamment en philosophie.

Cette variété des origines est conforme à la conception de Freud : il pensait qu'il n'était pas nécessaire d'être médecin pour être un de ses disciples.

Avant de devenir eux-mêmes des psychanalystes, les candidats auront tous subi une « *analyse didactique* », souvent thérapeutique aussi : il vaut mieux avoir eu soi-même « des problèmes » pour savoir mieux traiter ceux des autres. L'analyse leur apprendra à faire face aux bourrasques de leur futur métier (*projections, transfert*).

L'analyse didactique du postulant se réalise sous le contrôle d'un psychanalyste confirmé appartenant à une société savante de psychanalyse habilitée à délivrer le diplôme.

L'analyse classique, conçue par Freud lui-même, est faite de trois séances hebdomadaires, de trois quarts d'heure chacune environ. Celui qui s'analyse ainsi et qu'on appelle l'*analysant* s'étend sur un divan, loin du regard de l'*analyste* ; il est invité à parler spontanément, par le jeu d'associations libres ; il est convenu qu'il doit tout dire : l'incongru, le choquant, et même ce qui en apparence est insignifiant : tout prend sens dans cette confession à nulle autre pareille.

Le fait de se confier à ce point est à coup sûr un saut vers l'inconnu. Elle demande de l'audace, du courage. Celui qui s'y décide est souvent dans un état de grande souffrance.

L'analyste intervient peu. Sa parole est brève. Quand elle est bien ciblée, elle va droit au but.

Si sa probité n'est pas absolue, on peut voir survenir une situation d'inégalité extrême et de manipulation possible.

* * *

Dans son cours au Collège de France (1973-1974), Michel Foucault critique sévèrement la « *règle du divan qui n'accorde de réalité qu'aux effets produits dans ce lieu privilégié et pendant cette heure singulière où s'exerce le pouvoir du [thérapeute] – pouvoir qui ne peut être pris dans aucun effet de retour, puisqu'il est entièrement retiré dans le silence et l'invisibilité* ».

La cure se prolonge parfois pendant plusieurs années. Il en est aussi d'interminables. Est-ce la marque d'un succès ? ou plutôt d'un échec ?

Celles qui furent conduites par Freud duraient en moyenne huit mois – ce que personne ne pourra trouver excessif.

Une psychanalyse bien conduite est sans doute la meilleure manière de parvenir à une bonne connaissance de soi-même. En retour, elle exige de la part du patient un véritable changement d'existence. Il est obligé de réorganiser ses horaires et souvent son budget : la cure psychanalytique reste entièrement à sa charge. De ce fait, elle est réservée, sauf exception, à des catégories sociales privilégiées.

En échange de cet effort, son analyste s'applique à l'assister de près et à le ramener dans la vie réelle à la fin de chaque séance.

Il confrontera son expérience de soignant avec celle d'autres psychanalystes, c'est indispensable et bénéfique.

***

20

Les techniques inspirées de la psychanalyse

De multiples méthodes de psychothérapie ont été mises au point, surtout aux États-Unis. Elles ont le mérite d'être plus brèves que la cure psychanalytique.

Citons :

- les thérapies de groupe : un animateur qualifié organise les réunions et donne la parole aux intervenants ;
- le traitement comportementaliste : il s'attache à faire disparaître un symptôme qui « *empoisonne l'existence* » d'un sujet, tel qu'une phobie : agoraphobie (apparaissant dans les larges espaces, les grands magasins) ou claustrophobie (ascenseurs, métro, avion) ;
- la méthode des psychodrames (Moreno) : le meneur de jeu organise des jeux de rôle reproduisant le conflit vécu par le sujet ;
- l'analyse transactionnelle : un contrat moral est établi au début du traitement, qui en fixera le but et la durée.

On aperçoit par ces quelques exemples, le bouleversement entraîné partout dans le monde par la pensée de Sigmund Freud.

En une ou deux générations, tout a changé dans le traitement de ce qu'on appelait jadis *les maladies de l'âme*.

***

Les psys : qui choisir ?

On peut opposer, très schématiquement, deux sortes de psychothérapeutes diplômés :

1. Ceux qui pratiquent la psychanalyse ou qui ont été marqués par elle.

2. Ceux qui y sont peu ou pas perméables.

***

1. Ceux qui utilisent les médicaments psychotropes avec un esprit d'économie : ils veulent écouter d'abord.

2. Ceux pour lesquels « les comprimés » représentent l'essentiel du traitement ; leur consultation se réduit parfois à un simple renouvellement de l'ordonnance.

***

1. Certains psychiatres refusent d'associer psychothérapie et prescription des psychotropes.

2. Certains acceptent de faire les deux, ce qui simplifie la vie des patients.

***

1. Il y a ceux qui laissent parler et donnent de leur temps.

2. Ceux qui s'écoutent parler et coupent la parole.

***

1. Ceux qui aiment leur métier, et ça se voit.

2. Ceux qui ne l'aiment pas ou ne l'aiment plus : ça se voit aussi.

Toutes les combinaisons sont possibles entre ces cinq bipôles. Que votre choix se fonde sur les affinités, la clarté, la réussite.

Tout ce qui précède concerne l'ensemble des psychothérapeutes, qu'ils soient ou non des médecins… sauf la prescription de médicaments, qui reste l'apanage des docteurs en médecine – telle la foudre que Zeus seul tenait dans sa main, pouvoir suprême, arme puissante, souvent efficace, parfois dérisoire.

* * *

Les psys : la voie du gourou

Il est une autre voie que nous devons citer, même si elle ne vous concerne pas personnellement, parce qu'elle concerne beaucoup de monde, et semble-t-il de plus en plus : c'est « la voie du gourou » :

- aucun diplôme n'est nécessaire, sauf ceux qu'on s'invente ;

- de l'intelligence : il en faut ;

- du bagout : à revendre ;

- du culot : à coup sûr ;

- de la secte, oui peut-être, et discrète :

  - leur technique est très au point : il suffira de s'en laisser conter,

  - ce sont des capteurs d'âme et d'héritage.

Mais pourquoi donc ont-ils tant de succès ?

Pourquoi est-il si difficile de s'en libérer ?

Pourquoi rencontrent-ils tant de victimes ?

Deux raisons au moins à cela :

* **la puissance de l'irrationnel :** retour de l'homme primitif. Dans toutes les têtes humaines, jeunes ou vieilles, un beau jour l'irrationnel peut faire irruption et la déraison s'installe et ronronne ;

* **l'incapacité des médecins de répondre** aujourd'hui à une telle demande : ils sont moins habiles, ils sont moins patients, ils ont moins de temps.

Car pour tromper, il faut prendre son temps, mais à la rigueur le culot suffit quand il est phénoménal.

* * *

Citons pour mémoire les hommes de religion, qui se sont voués au service des autres. Jadis, c'était les premiers *psy non psy.* On les oublie souvent.

On a tort.

Jules Barbey d'Aurevilly (1808-1869) avait prévu ce dédain : « *Dans une société qui devient de plus en plus matérialiste, le confesseur, c'est le médecin* ».

Il annonçait déjà la matérialisation des âmes.

Pour les prendre vraiment en charge, l'offre est limitée, la demande devient infinie.

Première partie

Au fil des millénaires

Les dix concepts fondamentaux de la psychanalyse

- **Libido**
  Au temps de la Bible et des évangiles

- **Défense, défenses**
  Le cheval de Troie dans la ville assiégée – Homère, 9ᵉ siècle av. J.-C.

- **Le moi, le ça, le surmoi**
  Le conducteur de char dans l'arène de la vie – Platon, 429-347 av. J.-C.

- **Refoulement**
  La sage pondération d'Épicure – 341-270 av. J.-C.

- **Sublimation**
  Le génie créateur dominant le sexe – Léonard de Vinci, 1452-1519

- **Infantilisme**
  L'éternel retour à l'enfance – Joachim du Bellay, 1522-1560

Intermède
Molière, le plus grand psy de tous les temps, 1622-1673

- **Transfert**
  ALBERT CAMUS et son instituteur, 1914-1960
- **Frustration**
  CLAIRE BRÉTÉCHER (1940-) et le triomphe de la bande dessinée
- **Mélancolie**
  Le maçon de Bicêtre, un travail de migrant déboussolé
- **Identification**
  DE GAULLE, HITLER, ZINÉDINE ZIDANE, BARBARA

LIBIDO

De libidineux… à libidinal

Dans la Bible et les Évangiles

On trouve dans le livre de Daniel deux vieillards **libidineux**. De ce récit date peut-être l'horreur inspirée par ce mot ! Ils convoitaient la chaste Suzanne *« jusqu'à en perdre les sens »*. L'homme âgé, disait-on alors, ne devait plus nourrir des pensées coupables. On dit aujourd'hui : *« Il a passé l'âge. »*

Il demeure en tout cas pleinement responsable : *« Chacun est attiré par sa propre convoitise qui le retient et le leurre »* avertit saint Jacques.

On garde néanmoins le droit d'accéder à l'épanouissement personnel par des voies multiples.

À la lecture des Psaumes on trouve des désirs qui ne sont point coupables et qui délivreront.

Ils annoncent :

« Rendez-moi la source et la joie de la fête. »

Et la nuit favorable :

« *Plus qu'un veilleur n'attend l'aurore.* »

Et la soif de l'amour dans les petits matins :

« *Comme languit une biche après l'eau vive.* »

L'Ecclésiaste plaide pour un équilibre de vie :

« *Il y a le temps de vivre et le temps de mourir.* »

Le temps de mener le deuil et le temps de danser.

Le temps de s'embrasser et le temps de s'en garder.

***

Si le mot *libidineux* circule encore dans les conversations, c'est toujours pour se moquer. Suivez-vous des yeux une jolie fille dans la rue ? On s'exclame : « *Tu as un regard libidineux !* » Condamnation morale ? plutôt grivoiserie de rappel et de connivence !

***

Le mot libidinal

Dans la mesure où les *fausses hontes* ont diminué d'intensité, la voie s'est ouverte pour cet adjectif plus paisible. Et une autre conception du désir, moins contrainte, mais pas forcément plus responsable. Il a fallu du temps ! Quelques millénaires…

Libido passe la frontière en 1905. C'est en 1923 qu'apparaît *libidinal*. C'est en 1931 que Freud décrit les différents *types libidinaux* de l'être humain.

Il souligne d'emblée que leur profil :

- ne coïncide pas avec des catégories pathologiques.

- se range régulièrement dans la dimension du normal.

Sa démarche vise à combler **« le soi-disant fossé entre le normal et le pathologique »**.

On distingue :

- *le type libidinal érotique :* la part la plus grande de sa libido est tournée vers la vie amoureuse. Aimer ? Sans doute ! Mais plus précisément : être aimé ! Se rencontrerait souvent dans sa forme pure. Ce sont « les coureurs de jupons » mais non des don juan tordus. Ils aiment au pluriel mais voudraient les garder toutes ! Très recherchés des dames. Leur *ça* a fait plier leur *moi* et leur *surmoi*. François Truffaut en a dessiné le portrait idéal dans *L'homme qui aimait les femmes* ;

- *le type libidinal obsessionnel :* à notre avis, beaucoup plus fréquent que le type précédent. Très fort profil. Dominé par son *surmoi*. Conscience morale d'abord ! Donner des leçons : oui. Mais en recevoir : non ! Sûr de lui-même. Une minutie d'expert-comptable harceleur. Cherche des femmes dociles, corvéables à merci ;

- *le type libidinal narcissique :* image moins nette. Son *surmoi* a du mal à se constituer. S'aime lui-même avec passion. Pas très érotique pourtant. Cherche à assurer un rôle de leader. Devient parfois agressif.

En fait les *types mixtes* sont beaucoup plus fréquents. **Le type idéal serait...** *érotico-obsessionnel-narcissique !* c'est une forme dans laquelle les trois directions de la libido sont utilisées simultanément !

Les grands amoureux souriants et créateurs : Victor Hugo, Alexandre Dumas et, de nos jours, Erik Orsenna nous semblent faire partie du lot.

***

Ainsi le « *côté Tartuffe* » **recule**, avec sa part obscure, sa démarche boiteuse, ses yeux levés au ciel. On peut en tout cas espérer son déclin.

Mais d'autres Tartuffes apparaissent ici et ailleurs, avec d'autres grimaces.

Libidineux est cru, licencieux, obscène.

Libidinal est neutre, objectif, rassurant.

Qui d'autre que nous-même pourrait franchir l'abîme qui sépare désormais ces deux manières d'aimer ?

Défense, défenses

Théorie

Le mot évoque chez les personnes interrogées les défenses de l'éléphant, l'armure du chevalier au Moyen Âge, ou les défenses immunitaires, notion désormais bien connue du public. Elles symbolisent ainsi les moyens de protection de la personne contre les dangers extérieurs.

À la place de *défense*, Freud préférait qu'on dise : parade, évitement. Mais le sens commun règne dans les expressions familières : « *Il se défend bien dans la vie* » ou : « *comme un beau diable* ». À l'opposé : « *Il se défend comme il peut* », ou : « *Il n'a aucune défense.* »

Ces termes de guerre font de chaque être humain une forteresse assiégée. C'est une vision simple et répandue, qui sépare le soi et le non-soi, le dedans et le dehors. Sartre la renforce dans la formule d'un de ses personnages de théâtre : « *L'enfer, c'est les autres.* » Le titre de la pièce était clair : *Huis clos.* Chaque individu vit ainsi dans une forteresse assiégée.

***

Dans tous les comportements d'évitement et de parade, la meilleure défense est la fuite, consciemment décidée : on changera de trottoir pour éviter un importun. Mais dans nos mécanismes de défense, l'inconscient est presque toujours présent.

L'innovation de Freud sera de revenir toujours à la complexité du sujet. Il pensait que tout être humain se trouve constamment divisé dans son *for intérieur* qu'on pourrait appeler, en jouant sur le mot un *fort intérieur*. Chacun porte en lui-même son cheval de Troie : il introduit des ennemis en armes cachés dans ses flancs.

Très souvent, *l'enfer, c'est nous-même*. Les processus de défense sont à la fois cachés et retournés contre soi. Pour maintenir notre intégrité, il faut chasser les souvenirs destructeurs ou plutôt les « métaboliser », calmer l'angoisse que l'on éprouve face à des fantasmes incongrus. Ce combat est dirigé contre une partie de nous-même, dans un clair-obscur où la conscience et l'inconscient se mêlent d'une manière indiscernable.

* * *

Dans *La Généalogie de la morale*, Frédéric Nietzsche révèle que les instincts de violence, quand ils sont réprimés, « se retournent vers le dedans » et risquent de détruire la personne. Freud a retrouvé cette idée peu après pour l'approfondir : les défenses intérieures forment une pelote nouée de sentiments nocifs ; si l'on consulte un psychothérapeute, c'est pour qu'il en saisisse un fil et parvienne à débobiner avec nous l'intolérable souffrance.

Cette démarche, qui n'est pas sans risques, remue tant de choses. Elle interroge à la fois l'enfance, la sexualité, les pulsions profondes.

On y retrouve de manière vive et nouvelle, l'ancienne recommandation de Socrate : « Connais-toi toi-même. » Mais ce sage conseil a quitté le domaine du dialogue philosophique pour pénétrer l'intimité de l'être humain.

* * *

Cette vision pénétrante admet qu'il existe en nous un jeu de forces contraires. Elles peuvent, en un combat douteux, nous enrichir ou nous défaire, et parfois même nous détruire.

Le « ***cheval de Troie*** » en est une image saisissante. Il est toujours présent. Il importe de le connaître, et de le réduire par la connaissance.

* * *

Les mêmes remarques peuvent être élargies **à l'échelle de notre planète tout entière** et du jeu des forces qui s'y affrontent, depuis des temps immémoriaux, entre démocraties et dictatures, entre passé et futur, avec un retour récurrent des forces du passé et une intrication des présences.

Les démocraties ne sont pas, ne seront jamais une juxtaposition de forteresses closes. Par la force des choses, elles sont ouvertes aux influences et aux hommes venus du dehors. Elles n'ont d'autre espoir de survivre que de s'enrichir des différences, sans renoncer jamais aux principes qui les définissent.

* * *

L'histoire du Cheval de Troie, telle que la raconte Homère dans l'Odyssée, illustre cette complexité.

La guerre de Troie racontée par Homère

Homère a vécu neuf siècles environ avant l'ère chrétienne.

Le cheval de Troie

C'est dans l'Odyssée qu'il raconte l'histoire d'Ulysse et du cheval de Troie. Le siège de cette ville dure depuis dix ans. Un espion grec a convaincu les Troyens d'accueillir dans leurs murs un cheval de bois gigantesque. Piège fatal : une troupe de soldats aguerris est enfermée dans son obscurité, conduite par Ulysse. Le cheval entre dans la ville, forteresse jusque-là imprenable.

Grande fête d'accueil, libations nocturnes, torpeur du vin, sortie des Grecs de leur cachette boisée, ouverture par eux des portes de la ville, entrée massive des assiégeants, massacre des hommes de Troie et de tous les enfants mâles, incendie de la cité, mise en esclavage et déportation des femmes troyennes vers la Grèce, parmi lesquelles Andromaque. Telle est l'œuvre accomplie par Ulysse.

***

Pour qualifier l'intelligence de son héros la langue grecque emploie le terme *métis*. Il n'a pas d'équivalent précis en français, où pourtant les termes de comparaison sont nombreux : *artifice, stratagème, subterfuge, adresse, rouerie, subtilité,* chacun apportant à l'ensemble sa nuance particulière.

* * *

Or les activités de notre inconscient, telles que Freud les a si précisément décrites, avec ses manœuvres et ses méandres, ressemblent d'assez près à la *métis* d'Ulysse. Avec une finesse extrême, impulsive et délibérée, l'inconscient parvient à empêcher les forces obscures de parvenir au niveau de la conscience claire.

Jusqu'alors tous les héros de la mythologie grecque, tel Œdipe, subissaient la fatalité du destin sans la comprendre, Ulysse y parvient. Il annonce une nouvelle dimension de l'être humain car « *les chemins du jour côtoient ceux de la nuit* », et la lucidité est une merveille possible.

* * *

Sur un vase d'argile cuite du musée de Mycènes en Crète, un artiste grec a gravé un cheval de Troie de profil irradiant de beauté et plein d'enseignements : son flanc et son cou sont percés de sept ouvertures carrées, à travers lesquelles se dessinent autant de guerriers casqués dont on n'aperçoit que le visage. Ils sont à la fois visibles et invisibles, évidents et cachés. Il est loisible de retrouver sur ce vase la parabole de l'inconscient freudien.

* * *

La mer

Elle est, par sa présence constante, le second personnage de l'*Odyssée*. Elle s'orne d'une foule de qualificatifs et d'images :

- les vaisseaux courent sur le dos de la plaine marine ;
- elle est la mer des houles, *la mer aux poissons, la mer écumante, la mer vineuse, l'onde amère.*

Quand Ulysse, sur son bateau, s'engage avec ses matelots sur la mer de Sicile, entre brumes et bourrasques, de Charybde en Scylla, dans les étroits défilés, les eaux deviennent démentes : *Quand Charybde vomit, toute la mer bouillonne et retentit comme une bassine sur un grand feu : l'écume en rejaillit jusqu'au bout des Écueils.*

Ce personnage énorme, la Méditerranée, est un être barbare, brutal, instinctif, impulsif. Il a les caractères définis du *ça*. La nature d'Ulysse se situe à l'opposé : il est réfléchi et maître de lui-même. Il incarne les hautes vertus du génie humain. C'est un **moi** souverain coiffé d'un **surmoi** en forme de casque ailé.

***

La légende de l'Odyssée se prolonge de nos jours jusque dans le domaine de l'**informatique**. L'expression « *cheval de Troie* » y désigne l'introduction de *virus* dans le système. Actifs, malveillants, presque intelligents, ils divisent le système en deux parties qui se combattent. Le terme paraît fort bien choisi.

Le moi, le ça, le surmoi ou l'intuition de Platon

Quelque part indique un point plus ou moins précis de l'espace : *c'est quelque part dans le Finistère.* Plus méchamment : *tu vas recevoir mon pied quelque part.*

Depuis plusieurs années, cette expression a pris du sens : « *Ça m'interpelle quelque part* » annonce un coup de sonde descendu dans les profondeurs, à travers stratifications et plissements, jusqu'aux couches diamantifères de la **personnalité secrète** : « un trésor est caché dedans » : il s'agit de l'**inconscient**, découvert il y a un siècle.

***

Les topiques freudiennes

En grec *topos* est un lieu. Freud utilise le terme pour caser ses catégories mentales dans un espace virtuel qui puisse les contenir toutes et les hiérarchiser.

Quelque part est un fragment de cet espace : les pensées de Freud qui, il y a quelques décennies, « *étaient encore des blasphèmes et des hérésies circulent couramment dans le langage et dans le sang de l'époque* » (Stefan Zweig, 1932).

La **topique** appartient, selon Freud, à la « structure spéculative de la psychanalyse ». C'est une conclusion fondée sur de nombreuses observations : elles ont permis de mettre à jour une secrète architecture de notre vie mentale « *composé de hiérarchies, de districts et de provinces* ».

Son inventeur y distingue une région qui est, à son avis, « *le moi véritable*[1] » et une autre qu'il nomme « *le ça* » ; le ça est plus ancien, « archaïque », dit-il ; or il existe une partie du cerveau humain également archaïque que l'on appelle reptilien.

Mais il n'est pas question de les confondre : aucune corrélation ne peut être envisagée entre l'espace virtuel de la topique et l'espace très concret du cerveau humain.

* * *

En 1900, Freud décrit sa **première topique** : **le conscient, l'inconscient, le préconscient**. Seul le mot **inconscient** a été adopté par le public.

En 1923, Freud inaugure une **seconde topique** qui comporte, comme la première, trois éléments distincts le **surmoi**, le **moi**, et le **ça**.

---

1. Dans le domaine de l'introspection littéraire, Marcel Proust venait d'annoncer l'existence d'un « moi profond ».

Ces trois termes ont largement su pénétrer dans la langue ordinaire, surtout chez les gens cultivés, mais aussi chez ceux qui le sont moins.

Les mots utilisés par Freud sont simples. Ils ont été puisés dans le vocabulaire quotidien pour **moi** et pour **ça** : leur signification usuelle contient, une bonne part du sens psychanalytique. **Surmoi** est un terme nouveau, mais assez suggestif par sa seule composition.

La « mise en espace » de l'esprit est plus manifeste dans cette seconde topique que dans la première.

* * *

Nous avons imaginé la topique freudienne sous la forme d'une **maison** dont l'architecture est révélatrice.

Elle est le symbole de la personne qui l'habite. Elle a comme toutes les maisons des portes et des fenêtres, ouvertes ou fermées. On y trouve des lucarnes, des recoins.

Le *moi* conscient, noyau central de l'individu s'y déploie à l'aise. Il occupe le rez-de-chaussée et le premier étage. Il est la conscience qui nous donne la certitude d'exister.

On peut dire : **moi,** c'est **moi** ! en unissant dans une équation approximative le terme psychanalytique et le terme quotidien.

On peut déclarer aussi : **ça, ce n'est pas moi** ! On voit déjà par ces deux exemples combien le moi est en bisbille avec le **ça** !

Nous imaginons le moi de la façon suivante : il a des yeux, des oreilles, un nez qui flaire, une langue qui goûte le salé, le sucré et l'amer, et qui parle, le sens du toucher au bout des doigts.

Il est aussi porteur d'un sexe, objet de grande importance, toujours directement branché sur le ça et sa libido.

Le moi est l'acteur de la vie familiale et professionnelle. Il est sincère ou il joue des rôles.

Le moi voudrait faire plaisir à tout le monde : aux autres êtres humains, toujours rouspéteurs, et surtout à la libido du ça et à la sévérité du surmoi qui font partie intégrante de sa personne.

Bref, c'est un Monsieur-bons-offices.

Le moi prend exemple sur l'entourage, et sur « les grands hommes » dès l'âge le plus tendre. Il admire, il s'identifie, il rejette.

Tout est imitable : les gestes, la manière de sourire, de parler, de manger, de penser, d'être bête – à l'exemple de l'entourage immédiat.

Il y a des moi très solides et des moi fragiles. Il existe alors une seconde identification : non plus seulement aux êtres chers, ni aux personnages illustres, mais également aux objets, aux simples objets matériels qui nous entourent : ils agissent comme autant de gris-gris stabilisateurs.

Par exemple : des vieux vêtements qu'on aime, des médailles saintes, des photos de famille anciennes ou récentes, des colifichets, des bijoux précieux, des décorations qu'on met à la boutonnière.

Le ça est relégué dans la cave de la maison. Elle est fermée à double tour. Le propriétaire n'en a pas la clé et ne l'aura pas. Parfois la porte claque et s'ouvre en coup de vent.

Alors que le moi est pleinement conscient de lui-même, le ça navigue entre l'inconscience totale (l'obscurité d'une cave sans lumière) et une conscience grise : dans l'escalier menant à la cave pénètre un peu de la lumière du jour. S'y agitent les pulsions, les forces puissantes de la libido, constamment agissantes sous des formes diverses, et qui ne sont pas toujours sexuelles.

La libido, emprisonnée dans la cave, rêve d'en sortir pour rechercher des proies. Elle y parvient souvent, mais le moi fait barrage ; du moins il essaie.

Dans le ça, nul conflit, tout grouille dans le noir et dans l'égalité. Le ça ne choisit pas : il veut tout, tout de suite : il cherche le plaisir immédiat.

Le **surmoi** loge sous les toits, dans un grenier un peu poussiéreux. Il surplombe le moi et le ça. C'est le directeur moral de l'individu. Le grenier est rempli d'archives : elles contiennent la mémoire du groupe humain, de la famille, du pays.

Le surmoi empêche qu'on se réfugie dans la « bonne conscience ».

Selon Freud, le surmoi apparaît vers l'âge de 5 ans. Il assure vite certaines fonctions dévolues aux parents, aux éducateurs, à l'autorité : surveiller, ordonner, interdire, châtier.

Le fait de *savoir attendre*, c'est le surmoi qui nous l'enseigne, et c'est la marque d'une éducation réussie.

Le surmoi n'est pas tendre à l'égard du moi. Il peut jouer les pères cruels. Il impose parfois une souffrance morale aiguë, qui se prolonge jusqu'au désir de ne plus vivre.

* * *

Cette topique à trois personnages a permis à Freud de distinguer avec netteté névrose et psychose :

- dans la **névrose**, le sujet dévalorise le conflit. Il refoule la pulsion. Il brime le ça. Il y réussit. Le problème demeure **interne**, sous la forme bruyante de **symptômes physiques** : c'est le vaste champ de la pathologie psychosomatique ;

- dans la **psychose**, le sujet crée une réalité nouvelle à laquelle il ne se heurte plus : le ça en rébellion projette ses « noirs » désirs dans le **monde extérieur**, par la voie de l'hallucination.

* * *

L'intuition du divin Platon

Dans son dialogue *Phèdre*, Platon recourt à une triade symbolique très proche de la topique freudienne. En voici l'énoncé : « *Le conducteur de char qui incarne notre nature raisonnable doit tenir en bride un cheval robuste (l'énergie du cœur) et un cheval indiscipliné et fougueux (la puissance des désirs). »*

C'est du Freud avant Freud et dans la Grèce antique !

On pourrait en effet identifier le surmoi au conducteur : il surplombe et conduit l'attelage.

Le **moi**, c'est le cheval robuste et « *l'énergie du cœur* », qui forme un couple indissociable d'avec le conducteur.

Le **ça**, vecteur fondamental de l'activité humaine, c'est le cheval indiscipliné et fougueux : « *la puissance des désirs* » qu'il faut maintenir et diriger… et parfois y explose la puissance des ténèbres.

Cette similitude entre les deux triades, séparées par vingt-cinq siècles de réflexion humaine, peut-elle relever d'une simple coïncidence ?

Existe-t-il des constructions stables de l'esprit, des archétypes, où viendraient se loger, sous des formes différentes, des vérités éternelles ?

REFOULEMENT

Y a-t-il un pilote dans l'avion ?

Le mot refoulé est très utilisé dans le langage courant. Sur un ton véhément ou apitoyé : « *Elle est complètement refoulée, celle-là !* ».

Cette note péjorative est inconnue de Freud : pour lui, le *refoulement* est un processus mental universel, alors que pour les profanes le même mot désigne au contraire une distorsion pathologique du comportement sexuel.

Ce sens est sans doute fort ancien. On le trouve déjà exprimé chez Victor Hugo pour décrire le refoulement d'un homme d'église. Il écrivait : « *Ce prêtre écrivait sans cesse, ce qui l'aidait à supporter sa chasteté, mais rien de plus dangereux qu'un tel refoulement* » : on lui avait refusé une femme, il avait épousé l'humanité.

Chacun peut à loisir constater de nos jours qu'*être refoulé* garde toujours ce même sens restrictif : celui d'une répression sexuelle intériorisée, reflet de celle qui plane dans la société environnante.

***

Or la conception de Freud se situe à l'opposé. Il affirme : « *Il n'existe aucun rapport entre la notion de refoulement et celle de sexualité.* » Pour lui, les deux concepts sont distincts : l'un est de l'ordre du désir : la sexualité, l'autre définit un ensemble d'opérations contrôlant l'activité mentale : c'est le refoulement.

Il s'agit le plus souvent d'une pulsion sexuelle, portée par la libido, ce qui peut expliquer la confusion. Mais ne point distinguer sexualité et refoulement revient pourtant à confondre un avion (symbole de la sexualité) avec le pilote qui se trouve aux commandes et conduit l'appareil[1].

* * *

Il existe d'autres mécanismes de défense, différents du refoulement, qui agissent à la frontière séparant la conscience claire et l'inconscient.

Tout se passe comme si les symptômes, surgis de l'inconscient, avaient été créés pour empêcher l'apparition de l'état anxieux.

Dans ces situations, le corps devient la métaphore des états d'âme : c'est l'immense domaine des maladies psychosomatiques qu'ont à soigner les médecins, notamment dans la pathologie dite « *fonctionnelle* » du tube digestif.

* * *

---

1. Encore qu'on puisse se demander, en cas de tempête sexuelle, s'il y a encore un pilote dans l'avion !

L'inconscient voit sa présence reconnue dans des manifestations très diverses (*rêves* de la nuit, *lapsus*, *actes manqués*, *jeux de mots*, *oublis « involontaires »*). Elles témoignent de sa vitalité quotidienne.

Une répression s'exerçait naguère sur la vie des forces obscures sous des formes identifiées : *tabous* ancestraux, interdits divers de la vie sociale enseignés depuis l'enfance, invisibles frontières qu'il ne faut pas franchir. Une *loi morale* tient debout l'être humain. Il est gouverné par un gendarme intérieur.

Et il n'y a pas de gendarme plus efficace que ce gendarme intérieur, qu'on a appelé *surmoi*. Il condamne ou il prévient. Il est omniprésent.

Et si un *désir rentré* s'éjectait hors contrôle et se maintenait comme tel, la personne risquerait de partir à l'aventure comme l'avion privé de pilote.

Dès lors, la cocotte-minute qui renferme les vapeurs de nos instincts réprimés pourrait lâcher un jet de vapeur lorsque le seuil de l'ébullition passionnelle est franchi.

Cette vision banalisée est très antérieure à la découverte de l'inconscient. Elle se veut joyeuse, insouciante, conforme à la longue histoire des malentendus de la pensée spontanée avec la pensée savante.

On croirait entendre ce cri humain et humaniste de Michel de Montaigne : *« **Qu'a fait l'action génitale aux hommes, si naturelle, si nécessaire et si juste pour n'en oser parler sans vergogne ?** »*

* * *

Du « principe de plaisir »… au plaisir par principe

Selon Freud

Toute notre activité mentale est régie par le *principe de plaisir*. Mais, sous la pression de la nécessité, le *principe de réalité* vient le contredire et s'impose avec la même énergie. Les parents dès les premiers mois de la vie incitent l'enfant à renoncer à certains plaisirs immédiats, à supporter des contraintes ou même à capituler.

Les pulsions sexuelles, qui sont les moins éducables de toutes, cherchent à se satisfaire avec une obstination particulière. À l'adolescence elles peuvent déjà forcer la barrière du refoulement et venir s'épanouir à l'air libre.

Pour l'essentiel, le plaisir restera souvent encadré. Il connaît des défenses, des interdits, des tabous. Un but essentiel de l'éducation est de créer *une distance* entre la pulsion et sa réalisation.

Louis XIV avait pressenti Freud en se choisissant, dit-on, pour devise : « *Car tel est notre bon plaisir.* » L'histoire de sa vie montre qu'il avait dû beaucoup en rabattre. Mais nous rêvons tous d'avoir un jour entre nos mains quelques pépites de pouvoir souverain !

'Freud a imaginé que notre énergie pulsionnelle se répand et se répartit à tout moment comme une force vive circulant dans notre cerveau.

C'est dans cette organisation de l'énergie vitale que s'inscrit le *principe de plaisir*, constamment contredit par le *principe de réalité*. Freud, homme prude, homme de devoir, n'a jamais écrit que l'être humain devait être gouverné par ses pulsions.

L'interprétation qu'a faite le grand public reste néanmoins celle d'une libération sexuelle conforme à la fantaisie de chacun… On est passé allégrement du *principe de plaisir*… au *plaisir par principe*, notion commode mais radicalement différente.

Dans une lettre à sa femme Martha, datée de 1883, Freud écrivait : « *La canaille donne libre cours à ses appétits, et nous, nous nous privons. Nous nous privons afin de maintenir notre intégrité, nous ménageons notre santé, notre capacité de jouir de la vie, nous nous gardons pour quelque chose sans même savoir pourquoi.* » Il est difficile de mieux distinguer *principe de plaisir* et *plaisir par principe* en mêlant l'ironie et la colère !

La philosophie d'Épicure (341-270 avant J.-C.)

Le grand philosophe grec ne préconisait que de la sobriété : manger du pain d'orge, boire de l'eau, dormir au sec, étaient pour lui les seuls plaisirs naturels et nécessaires. Il tenait le plaisir sexuel pour naturel mais non nécessaire. Il souhaitait vivre dans un beau jardin, au milieu d'un petit nombre d'amis choisis.

Or être épicurien semble avoir signifié l'inverse depuis toujours : festoyer joyeusement en bonne compagnie.

Le sens commun

Il s'opère ainsi, à l'égard d'Épicure jadis, et de Freud aujourd'hui, un renversement complet de la métaphore. On file de la retenue imposée vers la liberté rêvée. C'est ainsi qu'à vingt-trois siècles d'intervalle on fait dire à deux grands penseurs exactement le contraire de ce qu'ils ont dit et écrit !

Ce choix est celui de l'ancienne tradition de Dionysos, dieu grec de la vigne et du vin (Bacchus dans la religion romaine).

Il était le fils d'une ravissante mortelle et de Zeus, roi des dieux. C'est de Dionysos que naquit le genre humain. Il s'ensuit que nous avons tous en nous deux éléments contradictoires : une force bestiale et une étincelle de divinité.

Et voici venir le monde des réjouissances, de la danse, des libations, des plaisirs. C'est dans une centaine de pays, pour un soir, la fête de la musique, le jour du solstice d'été, souvenir tenace des fêtes païennes, et ailleurs, au Brésil, pour une semaine, entre l'Épiphanie et le Carême durant les quatre jours qui précèdent le mercredi des cendres, le carnaval de Rio et l'immense déchaînement des écoles de samba.

La rumeur publique confond ainsi Bacchus, le joyeux compère descendu de l'Olympe avec les figures sévères et normatives de Freud et d'Épicure.

SUBLIMATION

Petite histoire du mot sublimation

Au XIXe siècle le terme est adopté en chimie pour désigner le passage direct d'un corps de l'état solide à l'état gazeux par l'effet de la chaleur sèche.

Il est repris tel quel dans le vocabulaire de la psychanalyse : une pulsion sexuelle sublimée individuelle peut ainsi devenir la source vive d'un chef-d'œuvre universel.

Le mot sublimation est une métaphore, c'est-à-dire un terme concret utilisé pour éclairer une notion abstraite. Par exemple : « la joie au *cœur* » désigne non pas le cœur lui-même mais le siège supposé des sentiments ; « ***un monument* de bêtise** » n'est pas un monument de pierre mais un homme « *en chair et en os* ». C'est un renfort poétique de l'idée : la métaphore est ainsi créatrice de sens nouveau.

***

La parabole des deux geysers

Quand deux geysers brûlants jaillissent dans le même champ de glace en Islande, on peut observer deux situations différentes :

- la source centrale de vapeur brûlante (une libido vaporisée !) peut se diriger de préférence vers l'un des deux geysers et l'autre se tarit : ce fut le cas de Freud qui renonça à toute activité sexuelle dès l'âge de quarante ans pour bâtir une œuvre intellectuelle immense ;

- ou bien la source peut se distribuer avec une force égale dans les deux geysers sans détournement : dès lors les activités intellectuelles et les exploits amoureux se soutiennent et s'activent dans une compétition d'excellence. Nous n'en donnerons qu'un seul exemple : Georges Simenon : trois cents romans sous son nom et dix mille femmes « connues » au sens biblique du terme.

* * *

Jacques et Raïssa Maritain

Un amour platonique fondé sur une immense tendresse peut apporter une autre joie, autant de joies peut-être que des apaisements sexuels heureux et successifs. On est moins bousculé. À une telle hauteur morale, il n'y a pas foule.

On dit que Jacques et Raïssa Maritain vécurent un tel amour. Nul ne saurait le dire et c'est très bien ainsi. Chaque couple a son mystère. Raïssa écrivit un jour : « *Les êtres humains sont faits d'âme autant que de limon.* »

Leur sublimation ? : « *Les grandes amitiés* » : c'est le titre d'un livre de souvenirs écrit par Raïssa Maritain. Beaucoup de gens ont connu et admiré ce couple sans être pour autant entraînés dans leur conversion spirituelle. Ils se sont réalisés dans des œuvres intellectuelles de grande qualité et dans la prière, activité que Freud qualifiait imprudemment de « *névrose religieuse* ».

***

Une Française en Roumanie

Je pense à Sœur Élisabeth, religieuse d'un ordre séculier. Je l'ai connue quand elle avait déjà 70 ans. Elle était diabétique à l'insuline depuis son enfance. Elle était atteinte par toutes les complications de sa maladie, et notamment par une atteinte de sa rétine. Elle revenait tous les ans faire son bilan de santé à Paris. Et je m'en occupais quelques jours. Elle travaillait le reste de l'année dans un orphelinat à proximité de Bucarest. Elle parvenait de temps en temps à placer un enfant dans une famille d'adoption. Elle savait lutter contre les trafics d'argent qui tournaient autour d'elle. Elle ne songeait pas un instant à prendre la retraite que je lui conseillais. Cette femme rayonnante ne témoignait pas de la vérité de sa foi. Elle ne témoignait de rien. Elle était ainsi. Elle ne le savait pas.

Sa « sublimation » ? Son travail quotidien, les prières en communauté qui rythmaient sa journée de l'aube à la nuit.

Nous admirons sans partage la foi de sœur Élisabeth.

***

Un Bulgare à Paris

C'était un patient devenu un très cher ami. Il s'était enfui de Sofia, la capitale de son pays, au temps du « *satanlinisme* ».

Musicien de son métier, Dimitri jouait tous les soirs du violon dans le cabaret *Raspoutine* des Champs-Élysées, situé dans un profond sous-sol.

À la fin du spectacle, il regagnait sa chambre de service située sous les toits. Il y fumait trente à quarante cigarettes par jour. Il souffrait d'une artérite sévère des membres inférieurs et d'une angine de poitrine.

Le week-end il partait rejoindre, près de l'autoroute de l'ouest, une roulotte pour s'occuper d'un petit verger et d'une dizaine de ruches dont il tirait un miel excellent.

Les années passent, il devient incapable de travailler. Dans cette vie austère, il n'y avait désormais plus de cabaret, ni d'orchestre, ni de musique, rien que des activités agricoles avec une envolée sublime vers le monde des abeilles.

Envolée semblable à celle de millions de microcultivateurs éparpillés dans toutes les banlieues encore vertes, ou le long de certains chemins de fer, sur des fragments terrestres de libido, sublimée dans la culture des tomates, des laitues et des aubergines.

Comme Voltaire l'avait jadis conseillé à Candide : **il faut cultiver son jardin.**

***

La parabole des deux geysers d'Islande, la vie de Jacques et Raïssa Maritain, celle de sœur Élisabeth, celle de Dimitri nous incitent à penser que **la notion de sublimation conçue par Freud est à la fois géniale et incomplète**. La réalité très diverse du monde la déborde de toute part.

Les patients que Freud étudiait venaient d'une seule classe sociale : la haute bourgeoisie viennoise de son époque. Il était logique que chez elle la sublimation s'opère vers des activités intellectuelles élevées. Le travail des mains y était inconnu, ou du moins méprisé.

***

La figure de Léonard de Vinci et celle des *Femmes savantes* campées par Molière fournissent deux nouveaux exemples de sublimation. Ce sont des tableaux d'époque.

Une sublimation réussie : Léonard de Vinci

La vie de cet homme est un mystère.

La sexualité de Léonard de Vinci apparut d'abord à Freud comme un manque, une absence, grâce à laquelle tout le reste s'explique et s'illumine : son sexe s'était **vaporisé** en un génie sans pareil. Longtemps sa légende l'a voulu chaste, comme si l'on avait pu pressentir dès le XVe siècle la notion récente de *sublimation*.

Freud révisa plus tard cette version, sous une forme plus proche de la réalité : sexualité « inachevée », *infantile* écrit-il, épanouissement dans une homosexualité active dont témoignent ses liaisons avec de beaux jeunes gens partageant sa vie d'atelier : surtout Salaï, superbe enfant bouclé qui le vole et se moque de lui, puis le fidèle Melzi qui ne le trahira jamais, et d'autres encore.

L'attachement de Léonard à sa mère, qu'il a peu connue, l'indifférence de son père, qui le déshérita, l'affection de son grand père, disparu prématurément, expliquent-ils son destin singulier ?

Strictement rien dans ce qu'il a d'unique.

Léonard était aussi un travailleur manuel.

L'artiste s'est investi dans un remodelage permanent du monde : construction de palais (à Romorantin), assèchement de marais (en Sologne), projets de détournement d'un fleuve (l'Arno), programmes d'assaut de forteresses, invention du vol plané et d'un parachute en bois.

On ne peut véritablement comprendre le génie contenu dans sa main sans avoir présent à l'esprit ce festival de désirs restés le plus souvent dans ses cartons.

La lente réalisation de ses tableaux passait par une multitude d'activités prosaïques auxquelles tout le monde participait plus ou moins dans l'atelier : fabrication de pointes métalliques, de stylets, de pinceaux, de toiles, de cadres, d'enduits, de colles, de pigments et de craies : long savoir manuel préliminaire, très lentement acquis, et dans lequel le maître intervient et démontre à chaque instant.

La sublimation s'amalgame à ce travail aussi. Elle entre avec les mains dans les tissus, les pâtes fluides, les couleurs, les métaux, les clous, l'or et la poussière !

***

Loi du sexe contre génie créateur

Léonard sait que les plaisirs et la création peuvent se renforcer mutuellement, mais qu'ils devront se subordonner l'un à l'autre, et toujours dans le même sens : celui d'une victoire de l'esprit sur le sexe. Il constate : « *La passion intellectuelle met en fuite la sensualité.* »

Dans le détail de la vie : « *Le peintre ou le dessinateur doit être solitaire* […] *Si tu es seul, tu seras tout à toi, si tu as un compagnon, tu ne t'appartiendras qu'à moitié, et même moins, selon l'indiscrétion de son commerce.* »

Et, dans un poème burlesque : « *Fuis la luxure et observe la diète.* »

Dans son atelier on cuisinait *simple,* on y mangeait
« *bio* » : du pain, des légumes, des fruits, quelques froma-
ges, peu de vin, peu de viande. La libation première était
la création artistique.

***

Peinture et philosophie

D'après Paul Valéry, Léonard de Vinci a fait entrer la
philosophie tout entière dans son art de dessiner et de
peindre : *éthique* et *esthétique* furent « *les deux ailes
symétriques* » du « *palais de sa pensée* ».

Paul Valéry compare cette situation à celle que peuvent
créer les **mathématiques**[1] : comme la philosophie, elles
semblent parfois tourner en rond, voler très haut, se suffire à elles-même, mais elles prendront parfois une autre
direction, piquent vers le sol et deviennent concrètes
entre les mains des bâtisseurs.

***

C'est grâce à un calcul informatique sophistiqué que sur-
gissent et s'harmonisent les gratte-ciel du XXIe siècle, en
Chine comme aux États-Unis, ou en Espagne.

---

1. Léonard s'est initié aux mathématiques après l'âge de quarante ans ! Il a
    rédigé un livre de géométrie avec Pacioli, le plus grand mathématicien
    d'Italie de son époque.

Une sublimation ratée : les femmes savantes

En contrepoint de la sublimation admirablement réussie de Léonard de Vinci, voici la sublimation comique et ratée des femmes savantes.

Molière met à vif, *ratiboise,* la prétention des femmes érudites. Non pas, assurément, en raison de leur honorable culture, mais parce que celle-ci faisait trop contraste avec celle de l'immense majorité de leurs contemporaines : les voici donc en porte à faux avec le milieu social, très contraignant, du XVIIe siècle.

Selon Stendhal, les femmes qui s'affirment très fortement peuvent y parvenir à une condition : ne point trop ressembler à l'arbre qui a poussé plus haut que le reste de la forêt ; s'il est trop dominant, il sera exposé aux bourrasques, à la hache des bûcherons, à la chute finale.

Se distinguer est assurément louable, mais *point trop n'en faut.*

***

Les femmes savantes opposent lourdement **le corps** et **l'esprit**. Elles vantent :

> « [...] *la philosophie*
> *Qui nous met au-dessus de tout le genre humain*
> *Soumettant à ses lois la partie animale*
> *Dont l'appétit grossier aux bêtes nous ravale.* »

Elles profèrent un inépuisable mépris pour « le corps, cette guenille : est-il d'une importance,/D'un prix à mériter seulement qu'on y pense ? ».

La riposte de Chrysale[1], le bon père de famille bien dodu, ne se fait pas attendre : « *Je vis de bonne soupe et non de beau langage.* »

La riposte est cinglante mais mesurée. On y voit opposer **le beau**, ornement de l'art et de la pensée, et **le bon**, qualité suprême du potage.

Le jeune Clitandre pense comme son futur beau-père. Il dit à l'une des femmes savantes :

> « *J'ai, ne vous [en] déplaise, un corps tout comme une âme*
>
> *Et mon âme et mon corps marchent de compagnie.* »

Nous sommes au siècle de Descartes, dont une bonne part de la philosophie s'est occupée d'articuler **le corps** et **l'esprit** au niveau du cerveau. Pour lui également le corps forme une unité, pensée presque sacrilège.

* * *

Les femmes savantes et leur petite cour masculine forment ce qu'on appelait alors des « *beaux esprits* ». On dirait aujourd'hui pour les hommes « *un beau parleur* », « *un intello* », et pour les femmes : « *une intellectuelle… [de gauche]* » ou pire « *une hystérique* », quolibet qualifiant toutes les tigresses révoltées. Il y a beaucoup de mépris méprisable dans ce machisme invétéré.

---

1. Chrysale signifie en grec « un homme en or ». C'est un « bon bourgeois », doté d'un conformisme tranquille qui lui fait traiter facilement les femmes bavardes de péronnelles. On dirait aujourd'hui de lui qu'il est « un bourge », « un macho ».

Les femmes savantes sont pleines de contradictions révélatrices de leur personnalité profonde, telle, du moins, que Molière l'imagine. Bélise, la plus sotte et la plus « lisible » de toutes, proclame :

> *« Mais nous établissons une espèce d'amour*
> *Qui doit être épuré comme l'astre du jour. »*

Elle est, en même temps, une véritable *obsédée sexuelle :* elle veut n'apercevoir autour d'elle que des hommes affolés par ses charmes fripés.

Pour clore ce tableau cruel, Molière fait dire à ces dames, après qu'elles eussent écouté le grotesque sonnet du sieur Trissotin[1]:

> *PHILAMINTE. – On n'en peut plus.*
> *BÉLISE. – On pâme.*
> *ARMANDE. – On se meurt de plaisir.*

Les voici donc « au septième ciel », dans la sensualité charnelle de certains faux mystiques. C'est l'expression voilée d'un plaisir physique… qu'elles prétendaient mépriser !

Chassez le naturel, il revient au galop.

---

1. Son nom signifie « trois fois sot ».

Infantilisme

Paroles d'un poète : Joachim du Bellay et paroles d'enfants

Infantile qualifie, sur un mode ironique ou protestataire, la *mauvaise conduite* d'une *grande personne*. On l'accuse : « *Tu es complètement infantile !* » Le coupable se recroqueville sous l'injure et se transforme en chrysalide. Il espère éclore au printemps suivant

***

Descartes a écrit qu'une part de l'enfant que nous fûmes ne disparaissait jamais.

Joachim du Bellay était allé plus loin : « *Comme nous repentant d'avoir laissé le berceau et d'être devenus hommes, retournons encore en enfance.* » **Retourner** : plus volontaire, plus précis que le moderne : **retomber** qui concerne surtout le vieillard.

Du même, ces vers familiers :

« *Heureux qui comme Ulysse a fait un beau voyage [...]*

Et puis est retourné, plein d'usage et raison
Vivre entre ses parents le reste de son âge. »

C'est un autre **retour**, enrichi de sagesse. Entre les deux, le temps d'une vie dispersée : il fréquente les majestueux palais romains mais retrouve avec joie la *douceur angevine* et les pays de Loire.

* * *

Paroles d'enfants

Dialogue entre Annabel et Arthur

Annabel (5 ans) : *« Tu crois pas qu'on peut rentrer dans le ventre de sa maman ? »*

Rentrer est plus direct, plus prosaïque que les deux verbes précédents.

Elle en rêve. Elle dessine souvent sa mère en habit de princesse, couvant son œuf dans son ventre.

Arthur (7 ans) du plus haut de sa taille : *« C'est impossible, impossible ! »*

Annabel ne dit plus rien.

J'ose lui demander, quelques instants plus tard : *« Tu n'es pas obligée de me répondre, mais est-ce que tu crois vraiment que tu peux retourner dans le ventre de ta maman ?*

– Ce n'est pas moi, c'est mon cœur ! »

* * *

Un an plus tard.

Annabel a 6 ans désormais. Emmeline, sa petite sœur (4 ans), lui repose la même question d'un retour de l'enfant dans le ventre maternel. Annabel ne dément pas. Puis soudain : « *Elle peut aussi nous dévorer !* »

« **Nous dévorer** » ! comme le loup, objet de tant de rires et de frayeurs mêlés, dévore ou cherche à dévorer pêle-mêle *les trois petits cochons*, *le petit chaperon rouge et sa grand-mère*, et *le chasseur* aussi.

Forme singulière et plutôt rare d'amour maternel, et qui existe cependant.

INTERMÈDE

MOLIÈRE
LE PLUS GRAND PSY
DE TOUS LES TEMPS

Psychanalyse imaginée du « malade imaginaire »

La comédie du *Malade imaginaire* a été représentée des milliers de fois depuis 1673, année de sa création. Argan, le héros de la pièce, était alors joué par Molière lui-même, qui mourut, dit-on, sur scène et dans son fauteuil.

Cette comédie continue d'éblouir les spectateurs. Elle reste d'une actualité désopilante, qui n'a pas fini de déconcerter. Elle réunit dans le même personnage plusieurs maladies très actuelles, déjà identifiées et épinglées avec près de trois siècles d'avance[1].

***

L'hypocondrie

Au premier abord, Argan est frappé d'***hypocondrie***, dénomination fort ancienne, que Freud a renouvelée en décrivant la maladie sous une forme radicalement nouvelle : l'hypocondrie réalise ce qu'il dénomme une « *hystérie de conversion* » : un organe du corps, dans ce cas le bas-appareil digestif, devient un objet de souffrance et de plaintes. C'est « *l'issue dans le corporel* » d'un problème psychologique chronique. Cette « *conversion* » ne peut se produire, écrit-il, « *sans une certaine **complaisance somatique*** » ; celle-ci se retrouve à l'évidence dans des formules que l'on peut entendre aujourd'hui. « *Albéric parle sans arrêt de ses lombaires* » ou bien : « *Marie-Chantal s'écoute trop.* »

---

1. Molière illustre en effet dans cette pièce : l'hypocondrie, « l'érotisme anal », la névrose obsessionnelle, la neurasthénie, la notion essentielle en psychanalyse de bénéfices secondaires et il les décrit avec la plus grande précision dans toutes leurs composantes. Il dénonce en outre la maladie entraînée par l'usage excessif et inconsidéré de médicaments, connue depuis fort longtemps, mais elle n'a trouvé son nom (« iatrogénie »)… qu'au milieu du siècle dernier.

De fait, Argan porte un intérêt excessif à ses « *évacuations* ». Elles sont le premier de ses soucis. « *Selle qu'on aime* » a-t-on pu écrire, plaisanterie de mauvais goût, mais suggestive. Il y a quatre siècles, bien plus fortement qu'aujourd'hui, cette région du corps faisait l'objet d'un tabou. Témoignage de cette pudeur extrême : le vieux terme de constipation n'est jamais prononcé dans la pièce.

Pourtant, Argan en a une, évidente et fort opiniâtre. Sa vie est rythmée par les lavements et les purges. Un « *petit clystère* » de Monsieur Fleurant se propose « *de balayer, laver, et nettoyer le bas-ventre de Monsieur* » ; il contient de la rhubarbe, plante que l'on trouve encore dans les « *confitures de grand-mère* ». Monsieur Purgon est plus radical encore : il annonce « *une douzaine de médecines pour vider le fond du sac* ». Et notre patient déguste tous les soirs « *des petits pruneaux* ».

Sa « *complaisance somatique* » est si forte qu'elle le conduit à enfreindre toutes les règles de la politesse. Il voudrait faire des confidences nauséabondes à Toinette, sa moqueuse servante : il ose lui demander de regarder ses selles pour savoir si son « *lavement d'aujourd'hui a bien opéré* » et s'il « *a bien fait de la bile* ». Réplique indignée de Toinette : « *C'est à Monsieur Fleurant à y mettre le nez puisqu'il en a le profit.* » « *Fleurez* » donc, Monsieur Fleurant !

Béralde, frère d'Argan, plein de bon sens et de colère, remet « *l'homme de l'art* » à sa place : « *Vous n'avez pas accoutumé à parler à des visages.* » La rédaction première de

Molière avait été beaucoup plus crue : « *Allez, Monsieur, on voit bien que vous avez coutume de ne parler qu'à des culs.* »

La constipation chronique bénigne, sans autre trouble associé, reste fréquente de nos jours. Elle est un motif fréquent de consultation chez le spécialiste. Les lavements prêts à l'emploi, les purgatifs figurent par dizaines dans le *Dictionnaire Vidal moderne des médicaments*. Et les tisanes abondent pour « *faire aller* » – grâce aux « *plantes naturelles* ». Reste à souligner que la constipation est également un phénomène naturel : elle s'accentue avec l'âge.

* * *

L'érotisme anal

Le bonhomme Argan présente en outre les trois traits de caractère qui définissent ce que Freud a appelé **« l'érotisme anal »**. Cette dénomination récente peut paraître déconcertante et même saugrenue quand on la voit appliquée à un personnage imaginaire du théâtre du XVIIe siècle. Elle s'éclaire si l'on veut bien considérer avec Freud qu'il s'agit d'une étape normale du développement du jeune enfant. Elle se situe, comme chacun sait, entre la phase orale dominée par la tétée et la phase génitale de l'adolescence, beaucoup plus tardive.

La maturation neurologique, hormonale et affective du petit d'homme est remarquablement lente. Beaucoup ralentissent ou s'arrêtent en route, et quelques-uns rebroussent même chemin. Argan fait sans doute partie de cette cohorte.

Il a les traits de caractère décrits par Freud pour définir l'érotisme anal : le **goût de l'ordre**, un **esprit d'économie** confinant à l'avarice, et un **entêtement obstiné**.

1) Le **goût de l'ordre** s'étale dès la scène première de l'acte premier. Dans un très long monologue, Argan analyse les notes d'honoraires présentées par son apothicaire. Il refait ses additions à haute voix, en utilisant des jetons pour ne pas faire d'erreur. Il est lent, méthodique, minutieux *:* « Trois et deux font cinq, et cinq font dix, et dix font vingt. »

2) **L'esprit d'économie** se manifeste au même instant. Argan rogne toutes les additions qu'on lui présente « *Vingt sols en langage d'apothicaire, c'est-à-dire dix sols.* » Il s'exclame un peu plus loin : « *Ah, Monsieur Fleurant, tout doux, s'il vous plaît ; si vous en usez comme cela, on ne voudra plus être malade : contentez-vous de quatre francs…* » Remarque profonde, par laquelle Argan met en balance sa constipation et ce qu'elle lui coûte. C'est une annonce de la future découverte de Freud selon laquelle, dans cette névrose si particulière, « *l'argent est mis en relation intime avec l'excrément* ».

S'opposent ainsi « *ce à quoi l'homme a appris à accorder le plus de valeur et ce qui est le plus dénué de valeur et qu'il rejette comme un déchet* ». Pour Argan, la selle, matière qu'il retient, a une valeur symbolique considérable. Valeur contre valeur : telle est l'équation secrète, enfouie dans son inconscient.

Pour parvenir à sa découverte, Freud a su analyser les confidences de ses patients et les nombreux contes et légendes dans lesquels l'or et l'excrément se trouvent, pour ainsi dire, confrontés. Selon une ancienne tradition, l'or que le Diable offre à ses victimes en échange de leur soumission se transforme en excrément dès son départ, démontrant que les richesses de ce monde ne sont qu'illusion.

On apprendra plus tard par Toinette que son maître a « *du bien* ». Il a aménagé une cachette dans une boiserie de son alcôve où il cache sa réserve de pièces d'or. *Cachette* et non pas *cassette,* comme celle de l'Avare, autre personnage de Molière. C'est, chez Argan, un degré moins avancé de la même folie. Harpagon garde tout pour lui ; notre malade destine son or à sa seconde épouse, Bélise, bécasse fort intéressée, qui va jusqu'à lui enfoncer son bonnet jusqu'aux oreilles pour éviter qu'il attrape froid ; depuis, il ne se découvre plus la tête. Il réserve ainsi sa fortune à la seule personne de sa famille qui se fait complice de sa maladie. Nouvelle équation secrète : don de l'or contre complaisance infinie. Freud parlera de « *bénéfices secondaires* ».

Le constipé, au sens métaphorique actuel du terme, est un sujet « *contracté* », incapable de donner. Et le mot *constipation,* dès le XIVe siècle, signifiait : rendre compact, serrer, bourrer. L'étymologie s'accorde ainsi avec l'intuition populaire et avec les découvertes freudiennes.

3) **L'entêtement obstiné** de notre héros éclate dans son refus absolu d'écouter le moindre conseil. Son frère, sa fille, sa servante font appel à sa raison et ils osent mettre en cause la réalité de sa « *maladie* ». Pour eux tous, de

manière évidente, elle est *« imaginaire »*. Une seule réponse de sa part, répétée sur tous les tons : *« Invalide et malade comme je suis »* !

Il en perd tout sentiment paternel et se cherche un gendre-médecin dans l'intention tout égoïste d'être mieux soigné. Toinette proteste : *« Votre fille n'est pas faite pour être Madame Diafoirus. »* Lui : *« Et moi je veux que cela soit »* !

On est ici en pleine farce, mais caricaturer l'homme, forcer le trait, ce n'est pas s'écarter de la vérité mais la rendre plus exemplaire.

4) Quatrième trait de caractère signalé par Freud dans l'érotisme anal : le **pédantisme**. Argan n'est sans doute pas suffisamment instruit pour être lui-même un pédant. Il y faut une culture minimale et notre homme est un être simple.

Mais il est éclaboussé, trompé, ravi par la pédanterie massive de ses exploiteurs : médicastres, médicaillons, apothicaire, dont Toinette peut dire qu'il est leur *« vache à lait »*. Argan nage dans le bonheur des ignares : *« Il faut savoir bien parler latin. »*

Pour séduire la charmante Angélique, Thomas Diafoirus lui présente sa thèse de docteur en parchemin. La jeune fille le repousse en lui annonçant qu'elle seule choisira son mari ; il lui refuse ce droit : *« Distinguo, Mademoiselle* [...] *concedo* [...] *nego. »* Résultat assuré…

Plus éclatant encore que le pédantisme des personnages, on goûte intensément la **parodie joyeuse du pédantisme**, dans les intermèdes et les chansons qui agrémentent la pièce.

Le *latin de cuisine* inventé par Molière est un de ses titres de célébrité. On y danse au rythme de « *Clysterium donare,/Postea saignare,/Ensuita purgare* ».

Toinette, déguisée en médecin, prend part à la fête : « *Ignorantus, ignoranta, ignorantum* » dit-elle à son pauvre maître.

On a rarement été aussi loin que Molière dans l'analyse politique du langage des « dominants », de ceux qui veulent régner sans contrepartie ni partage, en étalant leur fausse science. Le latin, langue de haute culture, cesse d'être respectable dès lors qu'il est utilisé comme instrument de tromperie et d'esbroufe.

***

La névrose obsessionnelle

Argan présente aussi des traits de **névrose obsessionnelle**.

On pourra s'exclamer : « Est-ce possible ? Mais c'est un musée pathologique ! » Pourtant l'association est typiquement freudienne, puisque l'inventeur de la psychanalyse notera, comme Molière, trois siècles et demi plus tard, les fortes connexions de cette troisième névrose avec les deux précédentes.

Le texte témoigne : « ARGAN. – *Monsieur Purgon m'a dit de me promener le matin dans ma chambre, douze allées et douze venues ; mais j'ai oublié à lui demander si c'est en long ou en large* » : rite conjuratoire, typique du caractère obsessionnel ; c'est un mode de lutte contre la « *rumination* » de l'esprit.

Autre exemple : « ARGAN. – *Monsieur, combien est-ce qu'il faut mettre de grains de sel dans un œuf ?* » (du temps de la gabelle, le sel était formé de gros grains).

Réponse de Diafoirus, sur le mode de la farce : « *Six, huit, dix par les nombres pairs ; comme dans les médicaments par les nombres impairs* ». Au lieu de dire à Argan qu'il déraisonne, Diafoirus participe à sa déraison, il organise ainsi son rituel de conjuration. Il s'agit d'une pensée magique, partagée par les deux complices.

Dans le langage populaire, on dit des obsessionnels qu'ils sont des « *maniaques* ». Chacun sait ce que ce mot veut dire. On dit aussi qu'ils sont des « *constipés* »…

* * *

La neurasthénie

Le « *Malade imaginaire* », inventé par Molière, appelé *neurasthénique* de nos jours, reste présent dans nos conversations quotidiennes. Il a toujours un sens péjoratif. On y entend : « *Il se plaint tout le temps et **il n'a rien*** » !

Était-ce le sens voulu par Molière ? Nous pensons que non. Son analyse est plus profonde que la pensée vulgaire. À bien écouter et relire son texte, on comprend

75

que Molière ne croit pas un instant qu'on est en présence d'un simulateur. Argan, c'est un vrai malade : malade de son imagination. Il exige simplement et « en toute bonne foi » d'être reconnu comme un invalide éternel. C'est ainsi que Michel Bouquet a campé le personnage en 2008 au théâtre de la Porte-Saint-Martin. Il fut convainquant. Il fut magnifique.

***

Outre les maladies déjà décrites au chapitre précédent : **hypocondrie, érotisme anal, névrose obsessionnelle,** Argan en présente encore une autre : la **neurasthénie** ! Car Molière, de toute évidence, l'a découverte et décrite bien avant Freud !

Durant l'acte III, lors d'un interrogatoire serré mené par sa servante Toinette, Argan débobine une longue série de symptômes, qui ressemblent fort à ceux décrits par Freud, tant par leur nombre que par leur imprécision :

- « *de temps en temps des douleurs de tête* » ;

- « *parfois un voile devant les yeux* » ;

- « *quelquefois des maux de cœur* » ;

- « *parfois des lassitudes par tous les membres* » : c'est la fatigue exprimée dans le **corps** ;

- surtout fatigue de l'**âme** : « *une faiblesse si grande que ce n'est pas croyable* » et qui lui ôte jusqu'à « *la force de pouvoir parler* ».

On notera que **tous les maux annoncés dans la neuras-thénie sont ponctuels et épisodiques alors que la maladie principale, siégeant au bas-ventre engendre une plainte permanente :** « *Tout vient de là.* »

* * *

Françoise Dolto, évoquant l'un de ses patients, vieillard bien portant, parle d'une « *fixation anale au siège* » : formule admirable. Elle peut concerner également Argan, vissé sur son fauteuil, qui est situé au centre de la maison.

Il affirme : « *Les malades ne raccompagnent pas* » ! Tout un programme.

* * *

La iatrogénie

Le « malade imaginaire » attaque violemment ce qu'on appelle depuis les années 1950-1970 la **« iatrogénie »**. Ce terme savant commence à être connu du public. Il annonce une origine médicale ou médicamenteuse de certaines maladies : un médecin par les soins qu'il administre peut provoquer sa propre pathologie, qui vient s'ajouter à celle de la maladie déjà présente.

De nombreux proverbes recueillis au XIXe siècle dans les campagnes françaises témoignent de la lucidité des paysans à cet égard. Ainsi : « *Les jeunes médecins font les cimetières bossus.* » Les docteurs « confirmés » ne sont pas épargnés non plus : un dicton énonce le souhait que le médecin ne rende visite au malade… qu'après sa guérison.

L'attitude du frère d'Argan est, sur ce sujet, exemplaire : parlant de Molière lui-même il déclare : « *Il a ses raisons pour ne point vouloir [de remèdes], et il soutient que cela n'est permis qu'aux gens vigoureux et robustes, et qui ont des forces de reste pour porter les remèdes avec la maladie ; mais que pour lui, il n'a justement de la force que pour porter son mal.* » Plus bref : « *Presque tous les hommes meurent de leurs remèdes et non pas de leurs maladies.* »

Malgré les progrès fulgurants de la médecine contemporaine, les traitements peuvent encore être nuisibles, et parfois même tuer : indéracinable actualité. Et les spectateurs de la pièce de Molière, pensant peut-être à ces drames continuent à se plier de rire. Serait-ce une façon de les conjurer ?

* * *

En guise de conclusion

Molière a décrit dans *Le Malade imaginaire* plusieurs affections psychiatriques sévères confondues dans le même personnage. On a pu se demander s'il n'était pas lui-même l'original d'Argan, dans lequel il aurait glissé sa propre expérience de malade. L'hypothèse est hardie, mais douteuse : peut-on associer une telle lucidité à une telle collection de maladies ?

À son génie d'écrivain, il a su joindre un génie de l'observation humaine et médicale qui pourrait expliquer à lui seul l'acuité de ses découvertes.

Alfred de Musset était sans doute du même avis :

> « *J'admirais quel amour pour l'âpre vérité*
> *Eut cet homme si fier en sa naïveté,*
> *Quel grand et vrai savoir des choses de ce monde*
> *Que, lorsqu'on sort d'en rire, on devrait en pleurer* »
> (juillet 1840).

TRANSFERT

Dans la relation psychanalytique

Freud utilise le mot *transfert* pour désigner le « moteur »
secret d'une relation thérapeutique particulière : celle
qu'il a vécue dans son métier.

Un lien fort s'établit habituellement entre le patient et
son psychanalyste. Ce lien va permettre de **transférer**
(déplacer) sur le thérapeute les relations que le sujet a
vécues jadis avec les premiers personnages de sa vie
affective : sa mère et son père le plus souvent.

Mais c'est alors **un autre lien, un autre temps, un autre
interlocuteur.** Certes, le plus souvent, il a déjà essayé de
faire la paix avec ses parents eux-mêmes devenus vieux,
mais il n'a pu bousculer l'ordre établi dans l'ancienne
relation. Ce drame se rejoue donc une seconde fois, avec
un inconnu présumé attentif.

Cet inconnu, Jacques Lacan l'a désigné comme *supposé
savoir.* Hélas ! ou tant mieux ! il en sait et en saura beaucoup moins sur le patient que celui-ci ne l'imagine. Il n'a

pas la toute-puissance magique des premiers interlocuteurs. C'est au patient de découvrir *quoi savoir*. Il est seul à pouvoir débobiner le fil et les nœuds du drame.

Or le patient espère que la réponse viendra de l'analyste (*supposé savoir*) et non pas de lui-même (*supposé ignare*). Il se replace ainsi tout « naturellement » dans l'ancienne situation de dépendance.

Dans sa forme classique, ce transfert se déroule dans une enceinte provisoirement isolée du monde ; un dialogue très particulier s'y instaure par lequel l'être en souffrance, devenu adulte, essaie de revivre et de surmonter les blessures durables de son enfance.

* * *

L'idée de *transfert,* depuis son invention, a largement dépassé le domaine de la psychanalyse.

Elle a contribué à éclairer **toute** relation qui s'établit, au sens large du terme, entre Maître et Élève, entre une personne considérée comme apte à *donner* et une autre qui souhaite *recevoir.*

Mais cette situation diffère profondément de la cure psychanalytique : elle est entièrement immergée dans le monde réel, sans avoir à subir de « *mise en couveuse* ».

Pour exemple : la dialectique du maître et de l'élève dans le cas d'Albert Camus

Dans la vie d'Albert Camus, le transfert de Maître à Élève se réalise dans le tumulte du monde. Une ville : Alger la Blanche, un quartier : Belcourt, une famille : la sienne, à laquelle il se trouve indéracinablement attaché. L'ensemble est balayé par tous les vents du large et de l'Histoire.

Un maître pourra-t-il, à force d'amour et d'intelligence, parvenir à remplacer le père qu'il n'a pas connu ? Albert Camus nous en donne une presque-preuve dans son autobiographie *Le Premier Homme*. Il l'a rédigée en 1959 dans sa maison de Lourmarin, au plus près du soleil. Il mourra l'année suivante dans un accident de voiture, à l'âge de 46 ans.

Le livre est dédié à sa mère adorée, illettrée presque sourde et muette : « *À toi qui ne pourras jamais lire ce livre* ».

* * *

Son titre, *Le Premier Homme*, s'impose avec une évidence mystérieuse et lourde.

Qui est-il donc, ce **premier homme** ? Il est en fait au nombre de trois :

- **Lucien Camus**, son père, proche et très lointain : lui naît en 1913 et son père meurt en août 1914 : il est tué au cours de la bataille de la Marne, dans les tout premiers combats de la Grande Guerre[1] ;

---

1. « Les troupes d'Afrique fondaient sous le feu comme des poupées de cire multicolores, et chaque jour des centaines d'orphelins naissaient dans tous les coins d'Algérie, arabes et français, fils et filles sans pères, qui devraient encore apprendre à vivre sans leçon et sans héritage. »

83

- Albert Camus lui-même que cette mort plonge dans la détresse. Sa famille entre dans *« une pauvreté aussi nue que la mort »*. Ils vivent dans un petit logement sans eau et sans électricité. Il s'en arrache et s'en détache jusqu'à obtenir en 1957 le prix Nobel de littérature. Cette évolution rarissime, qui va de l'extrême misère à l'extrême lumière, il la doit à son cher instituteur auquel est dédié son discours de Stockholm ;

- et voici donc le troisième homme : **Louis Germain**. Il découvre un Albert timide et passionné assis au premier rang de la classe. Il le prend par la main. Il le soutient, jour après jour. Il assure sa métamorphose.

* * *

Dans ses *Carnets III* (1951-1954), Camus évoque, plusieurs années à l'avance, son projet d'autobiographie.

Il y donne pour titre à sa première partie : *« Recherche d'un père »*. Le titre définitif sera : *« Recherche du père »* (du = *de le*). Entre *un* père et *le* père on passe de l'indéterminé au déterminé.

S'insère ainsi le troisième homme : Louis Germain, guidant le fils vers l'image du père, assure la mutation de l'article et de l'homme.

* * *

Monsieur Germain dans sa classe

Il était *« craint et adoré »*, certain que son travail était intelligent et utile. Il aimait passionnément son métier.

Ses élèves sentaient qu'ils faisaient l'objet d'une très haute considération. Ainsi, laïc, anticlérical, probablement athée, il n'avait jamais prononcé un mot contre la religion.

Il appliquait dans son enseignement quelques règles d'or que l'on voudrait remettre à l'ordre du jour : preuve que quelque chose de stable demeure dans le tourbillon insensé des réformes de l'enseignement :

- il aimait faire des **leçons de choses**. Il connaissait le rythme physiologique de l'effort d'attention chez les enfants. Il savait la nécessité d'organiser des pauses. Quand l'attention de ses élèves faiblissait, il ouvrait son armoire au trésor : il leur montrait des collections de minéraux ou de papillons, un herbier, des insectes naturalisés ;

- dans l'école, il était le seul à avoir obtenu une **lanterne magique**. Deux fois par mois il faisait des projections sur des sujets d'histoire naturelle ou de géographie ;

- il avait institué des concours de **calcul mental**. On dit de nouveau qu'il est nécessaire à la formation de l'enfant. Les enfants chinois utilisent le boulier. La calculette ne peut remplacer certains travaux basiques de l'esprit ;

- son **éducation civique** était centrée sur les horreurs de la guerre, le respect des soldats morts pour la France, l'amour de la Patrie, l'absence de haine à l'égard de l'ennemi.

En parfait accord avec lui-même, Louis Germain reprit du service en 1945 comme soldat territorial. C'est en capote de soldat qu'il sonna un jour chez Camus à Paris. Il s'était engagé jusqu'à la fin de la guerre : « *Pas pour la guerre, mais contre Hitler* » !

Seule note discordante avec l'enseignement français actuel : Monsieur Germain se permettait d'administrer des **châtiments corporels**. Très rarement. Pour des fautes très graves : un manquement à la morale élémentaire. Parmi les actes qu'il condamnait avec le plus de force : le vol.

En fait dans le quartier ouvrier de Belcourt, la plupart des enfants étaient battus chez eux : la punition administrée à l'école ne les étonnait pas.

Même le petit Camus était parfois battu par sa grand-mère. Mais le soir où il ramena sa première paye à la maison (pour un travail ponctuel), il lui arracha violemment des mains l'instrument du châtiment : elle comprit aussitôt qu'elle ne le battrait plus !

* * *

Albert va au lycée

Au cours d'un entretien dramatique, Monsieur Germain parvient à convaincre la grand-mère. Maîtresse femme, avec une fierté d'Espagnole, elle dirige toute la maisonnée, c'est elle qui prend toutes les décisions : elle accepte de renoncer à la paye qu'elle attendait d'Albert s'il était entré en apprentissage pour devenir tonnelier comme son oncle.

Il ira donc au lycée ! Monsieur Germain lui obtient une bourse ainsi qu'à trois autres de ses camarades. Il les prépare intensément au concours d'entrée avec des leçons particulières quotidiennes. « *Nous ne pourrons pas vous payer !* » proteste la grand-mère. « *Il m'a déjà payé* » répond-il en secouant l'enfant par les épaules. Trois sur quatre seront reçus.

La grand-mère est rayonnante de joie.

Le voici donc se rendant au lycée dans les hauteurs lointaines d'Alger : un monde au-dessus de son monde.

Il y est projeté à la vitesse d'un tramway crachant des gerbes d'étincelles tout au long du trajet.

Tous les matins il quitte à l'aube sa triste maison, sans autre lumière que celle des lampes à pétrole, sans journaux, sans un seul livre, avec si peu de meubles ! Où personne ne sait lire ! Sa grand-mère cache ce secret de polichinelle en disant qu'elle a oublié ses lunettes !

Dès le second jour, Camus se voit obligé d'écrire devant profession de la mère : *domestique*. Il avait cru pouvoir indiquer : *ménagère*. Un autre élève l'en dissuade. « *Il connaît d'un seul coup la honte et la honte d'avoir honte.* »

* * *

Le père devient vivant

Bien longtemps après, déjà célèbre, Albert Camus se rend un jour à Saint-Brieuc, sur la tombe de son père. Ce long voyage depuis Alger il ne le fait qu'à la demande instante de sa mère. Elle-même ne l'a pas fait. Elle ne le fera pas.

Lucien Camus, gravement blessé, avait été transporté depuis le front de la Marne vers l'hôpital d'évacuation de Saint-Brieuc. Il y allait mourir en octobre 1914. Il s'y trouve enterré dans le carré du « Souvenir français ». Son fils s'y rend avec le sentiment que cette visite n'a pas de sens.

Sur la dalle grise, il déchiffre deux dates : 1885-1914 qui projettent dans ses yeux le sable du temps. Lui a quarante ans et son père en avait vingt-neuf. Le fils est devenu plus âgé que le père !

Cette inversion des âges prend la force d'une détonation qu'il entend par hasard au même moment : c'était un avion qui passait dans le haut du ciel.

Il se dit que « son père est de nouveau vivant, d'une étrange vie taciturne ». Dès lors, un dialogue ininterrompu s'engage avec une ombre ressuscitée.

Quel enseignement pouvait-il en tirer ? Allait-il se fonder sur les souvenirs incertains de sa mère ?

Un souvenir l'illumine : un des amis de Lucien Camus avait été avec lui zouave pendant la guerre du Rif au Maroc (1907). Il lui en fit le récit suivant : ce fut une guerre coloniale d'une violence affreuse ; le père constate un jour que l'adversaire avait commis sur deux cadavres de zouave un acte de barbarie atroce en les émasculant : *« Il avait crié comme pris de folie furieuse : Non, un homme ça s'empêche. Voilà ce qu'est un homme, sinon… »*

S'empêcher : la leçon ne sera pas oubliée. Elle l'accompagne désormais.

Elle reste à réapprendre pour chacun de nous.

Dans le même angle aigu : Camus se rend en Algérie en 1945 pour enquêter sur les massacres de Sétif (45 000 victimes). C'était le tout début de ce qu'on appelle alors *« les événements »*. Il les fait connaître. Il les dénonce.

En 1956, il lance en vain un appel à la trêve en Algérie. La *« question algérienne »* se trouve portée à l'ordre du jour à l'ONU. Maroc et Tunisie accèdent à l'indépendance. Germaine Tillon aussi fait la leçon à quelques terroristes du FLN, qu'elle connaît, qui la respectent et l'admirent. Peine perdue.

Tous ces actes nous paraissent avoir été accomplis par Camus dans le souvenir de son père, de la guerre du Rif et des horreurs qui y furent commises.

Ses actions et celles de Germaine Tillon étaient alors tombées dans un mortel silence. Mais elles n'ont pas été oubliées. Peut-être ont-ils semé… pour un après-demain ?

Pour beaucoup d'Algériens, ils appartiennent désormais tous deux pleinement à la nation algérienne, lui comme enfant du pays, elle comme citoyenne d'honneur.

***

Monsieur Germain écrit à son cher élève au lendemain de l'obtention du prix Nobel : « *Je crois, dans toute ma carrière avoir respecté ce qu'il y a de plus sacré dans l'enfant : **le droit de chercher sa vérité.*** » Il disait bien sa vérité, la vérité de l'enfant, toute vérité lui paraissant relative, comme son rôle dans la vie de Camus : « *Tu n'as plus besoin de moi* » lui a-t-il déclaré quand il est entré au lycée : comme un souvenir de la parole biblique : « *Lève-toi et marche.* »

Cette recherche d'une **vérité personnelle** s'est exprimée très fort dans ses discours des 10 et 14 octobre 1957 à Stockholm. Elle était l'affirmation d'une double exigence découlant de l'enseignement reçu de son instituteur :

- « *le refus de mentir sur ce que l'on sait* » : il n'y a point de « *mentir vrai* ». Ainsi au temps de la Guerre froide ; il a refusé d'ignorer et de cautionner l'horrible réalité de l'Union soviétique et de son archipel des goulags, alors que Jean-Paul Sartre mentit longtemps par omission pour, disait-il, « *ne pas désespérer Billancourt* » ;

- « *la résistance à l'oppression* » c'était une solidarité active, insistante à l'égard de tous les prisonniers vivant sous la chape de plomb d'une dictature, « *qu'elle soit de droite ou de gauche* » précisait-il : *tous ceux que l'on empêche d'être lus…* Il y en avait et il y en a encore beaucoup !

***

Ce qui est arrivé après l'indépendance de l'Algérie aurait désespéré Camus sans le surprendre.

Il est resté **homogène**[1] dans un monde morcelé. De grands écrivains algériens musulmans d'expression française se sont associés à son combat. Ils ont vécu avec lui « *cette merveilleuse complicité de ceux qui ont à lutter et à souffrir ensemble. Ah ! C'est cela l'amour, l'amour pour tous !* » Et il ajoutait avec mélancolie que c'était « *l'histoire de la fin d'un monde – traversée du regret de ces années de lumière.* »

Il existait en effet, dans ce monde colonial, avant qu'il fût entièrement dévasté par la haine, une certaine fraternité que les vieux Algériens n'ont pas oubliée, celle-là même que Monsieur Germain avait enseignée dans ses classes à Belcourt.

---

1. Il existait aussi des êtres hétérogènes. Ils ont cru assister au combat du Bien contre le Mal, comme si le Front de libération nationale représentait l'avant-garde de l'humanité en marche. Certains sont passés avec armes et bagages dans le camp adverse. Une telle démarche était inconcevable pour Camus.

FRUSTRATION

Un double aspect psychologique et matériel

Le côté psy

Le verbe *frustrer* remonte au Moyen Âge. Il apparaît en 1330. Il dérive du latin *frustari* qui signifie « voler » : excellent indice de sa signification profonde. *Frustration* date du XVIe siècle et se porte bien. Mots très anciens, très utilisés, mots utiles.

Il existe des « frustrations éducatives » : ce sont le sevrage, le dressage à la propreté, tous les interdits dont l'enfance se trouve balisée.

Françoise Dolto, dans *L'Image inconsciente du corps* (1984), décrit la *castration* orale, la *castration* anale, la *castration* génitale œdipienne. Cette formulation robuste n'a de signification que symbolique : elle suggère la force des frustrations que le petit d'homme devra subir pour parvenir à la maturité.

Une anecdote : deux enfants entrent dans une pâtisserie. Ils ont envie tous les deux d'un éclair au chocolat. Zut ! il n'y en a plus ! La pâtissière leur propose alors des éclairs au café. Le premier accepte sans problème. Le second refuse, il tape du pied, il veut « *celui au chocolat* ». Il est prêt à se rouler par terre pour l'obtenir.

Ce petit récit montre qu'une privation d'objet n'est pas forcément pathogène. Mais elle le devient si elle porte sur la seule satisfaction que le sujet exige : l'éclair *doit être* au chocolat.

Pour un nourrisson, sa mère, son sein, son odeur, sa voix ne sont pas remplaçables : ce sont des « *affinités électives* ».

L'éclair *au chocolat* joue peut-être le même rôle. La faim du petit gourmand est très sélective. Il y a dans sa colère un déni flagrant de la réalité pâtissière. Il ne peut pas différer. Attend-il symboliquement une tétée ?

Lorsqu'un enfant est « *trop gâté* », cet adjectif est à prendre au pied de la lettre : **il se gâte comme un fruit** quand il est abandonné à lui-même. Le besoin infantile obéit alors à l'impératif de la satisfaction immédiate.

Dans les boutiques, les vendeurs repèrent vite ce genre d'enfants. Ils les appellent, les *maman-tu-m'achètes*. Ils ne ressortent jamais sans tenir dans les bras le jouet qu'ils exigent. Et leur besoin se renouvelle indéfiniment.

Ils courent alors le risque de devenir plus tard des frustrés permanents : on leur a toujours tout accordé, sans leur enseigner jamais la **frustration nécessaire** et la **valeur monétaire des choses**.

Fort heureusement cette évolution n'est pas fatale et bien des tempéraments se redressent.

***

Cet impératif de *l'objet* irremplaçable (aussitôt acheté, aussitôt oublié), on le voit utilisé en publicité dans la formule coup-de-poing : « *C'est l'anisette Blanchette **ou rien** !* » Les publicistes sont souvent de bons psychologues.

Don Juan obéit à une démarche analogue : il court après un *objet* féminin, aussitôt conquis, aussitôt oublié.

***

Le côté matériel

La frustration est souvent vécue comme une **injustice**. Une jeune vendeuse de grand magasin l'exprime ainsi : « *Le fait de se sentir **volé** de quelque chose, **qui est en nous et à nous** provoque un sentiment de malaise, d'injustice.* » Elle dit : **vol**, comme dans la racine du mot, *frustrari :* les étymologies ont leur logique, immémoriale et secrète.

De fait le sentiment d'injustice et l'exigence de justice naîtront presque toujours des comparaisons faites durant l'enfance au sein de la fratrie.

Dans la devise de la République, « Liberté, Égalité, Fraternité », la **revendication d'égalité** est souvent la première et la plus immédiatement ressentie.

Elle semble surtout fondée sur le sentiment de frustration. On dit parfois que cette sensibilité est plus forte en France que dans des pays voisins. Elle est sans doute à l'origine de quelques révolutions. Quand on est plongé dans la misère, l'inégalité devient facilement intolérable ? C'était vrai jadis, c'est encore plus vrai de nos jours.

Claire Brétecher

Illustration et application du concept de *frustration* : une bande dessinée hebdomadaire, débutée en 1973 dans *Le Nouvel Observateur*, a été intitulée *Les Frustrés*. Elle s'y est prolongée durant des années. Elle a connu un grand succès. Elle a sans doute contribué à répandre le terme, avec une tonalité d'ironie et de dérision.

Claire Brétecher, son inventeur, y ridiculisait certains de ses contemporains : c'était des *bobos* médisants, jamais contents.

Ils étaient laids, négligés, volumineux. Tous pareils, alors qu'ils cherchaient à « *affirmer leur différence* ». Ils ressemblaient à des poupées de chiffon aussi molles que leurs canapés. Leur langage était prétentieux et convenu.

Ils disaient vivre d'air et d'eau fraîche, tout en utilisant des voitures… de fonction et en habitant deux cents mètres carrés… dans l'immeuble de la belle-mère avec vue sur la Seine.

Comment les résumer ? Laxisme dans l'éducation des enfants, commérage, prétention gigantesque, activité ralentie, conformisme étourdissant. Leur sentiment de frustration est dévorant. C'est le constituant le plus sincère de leur personnalité.

Chez beaucoup de nos contemporains, la frustration est devenue désormais emblématique. C'est un mode de protestation permanent, un paradigme triste et comique de la condition humaine.

Claire Brétecher l'a fixé avec talent dans ses caricatures au vitriol.

MÉLANCOLIE

La mélancolie, maladie de la bile noire, se situe entre philosophie et littérature, médecine et psychanalyse. Elle est la recherche éternelle d'un idéal perdu…

Petite histoire de la mélancolie à travers les siècles

Sur de beaux vases de l'**Antiquité**, rouges et noirs, on peut voir des mélancoliques traités par la saignée ou en les faisant vomir : deux manières de *purger la bête*. On établissait alors un lien entre l'accès de fureur et la mélancolie (Aristote), entre la mélancolie et le travail de l'imagination. C'était des êtres tout en finesse et en intelligence.

Le **christianisme** modifie sensiblement le tableau. Elle fait du mélancolique un homme solitaire qui se réfugie dans les déserts d'Égypte. En copte, on parle d'une *lassitude du cœur*. Elle se répand dans les monastères d'Occident. Toute pensée charitable a disparu, de même que la volonté de travailler de ses mains. Ainsi, saint Jean Baptiste au désert consomme ses jours dans l'affliction de la mort du Christ.

Au **Moyen Âge**, naît un nouveau personnage. Il est soumis à une double domination totalitaire : celle de Satan et celle de Saturne, astre noir à révolution lente. Il en résulte une saisie de corps par une passion morne aboutissant à un déni de l'action. Cette paresse se retrouve en voisinage moral avec plusieurs péchés capitaux. On essaie de soigner cette présumée paresse par l'application de révulsifs cutanés : autre manière de chasser le mal. L'image du mélancolique se dégrade jusqu'à se confondre avec celle de tous les déshérités de grand chemin : guenilles, jambes de bois, et béquille deviennent ses attributs. Quel contraste avec le vieux proverbe d'action : « *Un œil ouvert, un pied par terre !* »

À l'époque de la **Renaissance**, la mélancolie offre un tout autre visage, conforme à l'esprit du temps. Elle s'incarne dans la gravure d'Albert Dürer. Le titre *Melancolia I* s'y inscrit au fond, dans un ciel rayonnant et sous un arc-en-ciel qui remplit l'horizon. Une femme-symbole est assise à droite. Son corps massif s'enveloppe d'une ample robe claire. Son regard est intense. Ses cheveux dénoués sont couronnés de feuillage. Son poing gauche s'appuie fermement sur sa joue. Le droit tient un compas. Autour d'elle tout est symbole : de multiples objets représentant le travail des mains et les travaux de l'esprit, s'associent pour découvrir un nouveau monde, celui des mathématiques et de la cosmologie.

Pendant les **XVIIIe et XIXe siècles** survient une nouvelle virevolte qui marque une décélération de la vitalité : la mélancolie devient une méditation sur la vanité des choses humaines. Elle se nourrit de nouveau d'imagination. Elle s'entoure de crânes humains. Elle accompagne Jean-Jacques Rousseau dans ses *Rêveries d'un promeneur solitaire* où son amour de la nature apaise un remuement d'idées tristes. La mélancolie sera le *soleil noir* de Gérard de Nerval. Elle structure les œuvres du philosophe Kierkegaard. Les romantiques en renforceront la charge esthétique avec les poses de Chateaubriand et les tristesses insulaires de Victor Hugo. Après la Seconde Guerre mondiale Jean-Paul Sartre apporte une nouvelle pierre à l'édifice avec son roman *la Nausée* dont le héros transpire d'angoisse et du dégoût de soi. Le titre qu'il proposait était *Melancholia*. L'éditeur refusa.

***

Les synonymes dérisoires

On a trouvé à mélancolie des mots de remplacement : *vague à l'âme* (à partir de 1830), *spleen* (illustré par Charles Baudelaire), *cafard* (vers la fin du XIXe siècle) *bourdon* (1915). Ils sont encore vivaces. *Psychasthénie* et *neurasthénie* ont été au contraire fabriquées par des médecins et sont en déclin d'usage. Et l'on en revient toujours au maître-substantif porté par l'Histoire, celui qui par la sonorité très longue de ses diphtongues est l'un des plus beaux substantifs de la langue française.

***

Dès lors la mélancolie apparaît comme la seule maladie psychiatrique dont l'appellation immuable figure depuis plus de deux millénaires dans les domaines les plus élevés de l'art et de l'esprit : peinture, philosophie, littérature, pensée mystique, sciences.

Mais c'est aussi une **maladie-caméléon**, reflétant fidèlement l'esprit de chaque époque. S'agit-il, à chaque fois, de la même folie ? Peut-on l'identifier avec certitude sous des masques aussi différents ?

La réponse est : oui ! Car il existe un trait de reconnaissance très semblable à ceux que la médecine appelle « pathognomoniques », c'est-à-dire rencontrés dans une seule maladie, et suffisant à en établir avec assurance le diagnostic :

C'est **la gestuelle des mains et des visages** qui ne varie guère de l'Antiquité grecque à nos jours, dans toutes les œuvres d'art qui la représentent. Avec un regard toujours tragique, tourné vers l'infini, on observe :

- tantôt une paume de main grande ouverte sur tout un côté du visage ;

- tantôt un poing soutenant la tempe ;

- tantôt les deux mains encadrant le menton en formant un triangle ;

- tantôt même, sur une stèle funéraire antique, le visage de la veuve se penche vers sa main qui soutient un voile.

Cette similitude de mouvements donne le vertige d'avoir à mieux connaître un jour les correspondances qui, à chaque instant, s'établissent entre les passions de l'âme et les gestes du corps.

Toutes ces œuvres d'art, souvent très belles, ont un trait commun qui traverse les siècles : **l'homme ou la femme frappés par la douleur mélancolique ne tient plus sa tête,** semblable au géant Atlas, condamné par Zeus à porter le poids du monde jusqu'à la fin des temps.

Mélancolie de l'exil : derrière la façade

Nous avons connu jadis durant notre internat à l'hôpital de Bicêtre un jeune maçon italien hospitalisé pour un accès de mélancolie aiguë. Il avait quitté sa famille pour venir travailler en France. Il laissait derrière lui sa femme et ses deux filles. Tenaillé par le désir physique, il était allé rendre visite aux prostituées du quartier Saint-Denis. Il y était retourné peut-être.

Depuis lors, il présentait toutes les apparences d'un désespoir total. Il nous disait avoir commis un crime. Il pleurait sur les photos de sa femme et de ses enfants. Il les avait déchirées, puis en avait réuni les morceaux pour les replacer dans son portefeuille.

***

Pour tenter de percer les mystères de la mélancolie, psychose rare, Freud la compare à une situation banale de la vie quotidienne : le deuil.

Elles présentent plusieurs points communs et quelques différences notables qui permettent de les éclairer l'une par l'autre.

Dans les deux cas il est survenu un événement déclenchant : la perte d'un *objet* précieux :

- dans le **deuil**, il s'agit de la personne disparue. Dès lors, écrit Freud, *« le monde est devenu pauvre et vide »* – ce que confirme joliment Lamartine : *« Un seul être vous manque et tout est dépeuplé »* ;

- dans la **mélancolie**, l'objet est imprécis, souvent difficle à cerner, comme dissimulé. *« C'est le moi lui-même »* qui selon Freud, *« est devenu pauvre et vide »*.

Dans les deux situations, l'objet disparu a été fortement investi par la personne :

- dans le **deuil**, le survivant rassemble ses forces et persévère dans son être. Il se supprime très rarement ;

- dans la **mélancolie**, survient constamment une perte de l'estime de soi. Freud parle de « délire de petitesse ». Voici un être ratatiné sur lui-même, entièrement démotivé. Il semble écrasé par sa conscience morale. On connaît la cruauté de ce sentiment qui peut conduire au suicide.

***

Le tableau présenté par mon maçon mélancolique me paraissait cohérent : son désespoir était fondé sur son sentiment du devoir et sur le constat d'une cellule familiale qu'il avait « profanée » par son « inconduite ».

Il m'était toutefois difficile de saisir le pourquoi de la destruction des photos de sa femme et de ses deux filles. D'où venait une telle violence ? Pourquoi cette destruction symbolique de la famille ?

Dans la mélancolie, il est sans doute vain de chercher « une cause » qui ne se dit pas. Il est préférable d'approcher le mystère autrement.

** * **

Une conversation récente avec une amie psychiatre-psychanalyste m'incita à reprendre une réflexion sur ce patient, avec quelques décennies de décalage.

Elle me parla du mot *transplantation*. Un *transplanté* ne quitte pas seulement sa famille nucléaire, mais aussi, lorsqu'il est jeune, ses parents, sa fratrie, son village, son ancien travail.

Le mot *transplanté* respecte pleinement la personne, beaucoup mieux en tout cas que le terme d'*immigré*. Le transplanté se reconnaît par la terre qu'il transporte symboliquement à la semelle de ses souliers, alors que « l'immigration » semble couper l'homme de son passé et de sa richesse spirituelle.

Une rupture aussi forte des liens vitaux peut faire qu'on cherchera peut-être une part de responsabilité chez ceux-là même qui sont restés « *de l'autre côté* » : il s'en est allé seul, il est parti pour les nourrir, il s'est sacrifié, et l'on sait quelle saignée mensuelle représente l'envoi postal d'une part importante du salaire.

Quant à sa mésaventure sexuelle récente, toute négative, elle avait pu le renvoyer, comme toute expérience manquée de cette nature, à des attachements plus anciens, à des carences ou des abandons enfouis dans la première enfance. Nous nous sommes bien gardé de l'interroger.

Dans la culpabilité lancinante du mélancolique, il manque habituellement la honte. Elle semble remplacée par un certain degré de complaisance.

Le mélancolique s'accuse, à qui veut l'entendre, d'être égoïste, indifférent aux autres, sans délicatesse et sans volonté : c'est lui qui se le reproche, et souvent les autres aussi : à force d'entendre sa plainte, ils le trouvent « *lassant* ».

Freud en vient à se demander avec un brin d'ironie : pourquoi lui faut-il sombrer dans un tel désespoir pour admettre simplement… *qu'il est comme il est* ?

* * *

Dans les almanachs populaires du Moyen Âge se promenait une « *Dame Mérencolie* » qui vivait toujours « *en la plainte* ». Or notre maçon exhibant ses photographies se trouvait également « *en la plainte* »…

Les siècles passent, la *mérencolie* demeure.

Identification

L'identification peut se faire à un chef d'État, c'est le père ou à une vedette du sport ou de la chanson (grand-frère ou grande-sœur).

L'identification à un chef d'État : De Gaulle et la France, Hitler et l'Allemagne

À la fin de ses *Mémoires de guerre*, Charles de Gaulle fait un tableau saisissant des liens qui se nouèrent entre Adolf Hitler et l'Allemagne de 1933 à 1945 :

- « *Elle éprouvait le désir d'un amant nouveau* » ;

- « *Elle s'était donnée au passant inconnu qui représentait l'aventure, promettait la domination, et dont la voix passionnée remuait des instincts secrets* » ;

- « *L'Allemagne séduite au fond d'elle-même suivit son Führer d'un seul élan. Jusqu'à la fin elle lui fut soumise* ».

Des États-Unis avant qu'ils ne rejoignent les Alliés, De Gaulle écrit avec ironie qu'ils avaient « *la neutralité jouisseuse* ».

Sans faire le moindre emprunt à la « *psychologie des profondeurs* », de Gaulle en dépiste néanmoins plusieurs composantes :

- **nature sexuelle intense sublimée** de la relation qui peut s'établir parfois entre une nation et son chef : « *amant nouveau* », « *passant inconnu* » ;
- dans le cas particulier, **caractère sado-masochiste** de cette relation : « *domination* », « *soumission* », « *jusqu'à la fin* ».

Le général conclut : « [Hitler] *fondait son plan gigantesque sur le crédit qu'il faisait à la bassesse des hommes. Mais ceux-ci sont des âmes autant que du limon.* »

Jugement terrible, qui se conclut néanmoins par un mouvement de compassion surprenant : « *Vaincu et écrasé, peut-être devient-il un homme, juste le temps d'une larme secrète, au moment où tout finit*[1]. »

***

---

1. Le sado-masochisme est une perversion sexuelle fondée sur deux pulsions :
   – une satisfaction liée à l'**humiliation** d'autrui ;
   – une jouissance liée à la **souffrance** d'autrui : elle incite le sadique à détruire son souffre-douleur.
   C'est d'abord la période du sadisme exclusif : Hitler applique ce programme à la lettre contre toutes les minorités « raciales ». L'invasion de l'Union soviétique (juin 1941) précipite le processus : avec l'échec de la guerre éclair débute le meurtre de masse. À l'heure du désastre, Hitler opère un retournement brusque : il s'identifie alors en partie à sa victime et la composante masochiste apparaît : l'humiliation et la destruction subies par l'Autre doivent s'exercer aussi contre l'Allemagne et lui-même ! C'est l'image du bunker enterré dans un Berlin en ruines. Aucune explication ne nous a semblé plus probante que l'hypothèse de De Gaulle : on assiste à une courbe en colimaçon ascensionnel du délire.

De Gaulle, dans sa réflexion sur Hitler ne signale pas le **processus d'identification** qui peut s'établir entre le meneur d'hommes et le peuple qu'il **emmène**. Est-ce un oubli ? un manque de clairvoyance ? assurément non. Il avait simplement de son rôle une vision radicalement différente de celle d'Hitler : c'est sa conception qui prévaut dans tout son exposé : le Chef n'est au sens le plus fort du terme qu'un **chargé de mission**.

* * *

Gustave le Bon (*Psychologie des foules*, 1895) a parlé d'une *âme collective* : une foule hétérogène, haranguée par un grand « *magnétiseur* », se trouve soudée, comme les cellules d'un corps vivant fusionnent pour créer un être nouveau.

L'homme atomisé, fondu dans la masse, passe de la psychologie individuelle à la psychologie collective : c'est un retour massif à des temps très anciens.

Durant les discours de passion et de haine d'Adolf Hitler, chacun peut se débarrasser de ses refoulements et se vêtir de ses rancœurs sans que personne y prenne garde : ils font tous pareil, ils sont tous fascinés.

Chacun troque sa volonté propre contre une impression de puissance invincible, assez proche, semble-t-il, de celle que procure une injection intraveineuse d'héroïne. Mais la soif d'obéissance ne s'adresse pas ici à la drogue, elle va au Chef : la **contagion** et la **suggestibilité** de la foule dépendent de sa seule parole (Gustave Le Bon). La jeunesse allemande s'est sentie plus forte en défilant de nuit avec de grands flambeaux. Jusqu'aux portes de Moscou. Jusqu'à Stalingrad.

On ne jurait pas fidélité à la patrie allemande, ni à la Grande Allemagne que l'on prétendait servir, mais à **son** Führer, à lui seul. Logique de l'hypnose, force de la terreur. Hitler n'était pas un **chargé de mission**, ni même un missionnaire, mais la Mission elle-même, le plus païen des dieux dans un monde privé d'espérance. Chaque jeune soldat allemand qui mourait, (250 000 durant la seule libération de la Normandie) mourait pour son Führer. L'identification fut presque totale et sans retour.[1]

* * *

La figure de Charles de Gaulle se situe ailleurs. En août 1944, la France tout entière (ou presque) s'identifiait à sa personne. Lui s'identifiait à la France. Car au-dessus de lui, très au-dessus de lui, il y avait une Dame de Légende, la Patrie qu'il rêvait de servir depuis son enfance. Oui, il n'était vis-à-vis d'elle qu'un **chargé de mission**.

Aucun soldat français tombé au combat, de Bir Hakeim à Berlin, n'est mort pour **son** de Gaulle.

---

1. Dans un rayon perdu de ma bibliothèque se cache un gros livre que je n'ai pas retrouvé. Il raconte l'héroïque résistance de certains Allemands au nazisme. Sur la couverture, une photo. C'est une foule ouvrière. Elle se fait haranguer par un orateur invisible. Tous ont le bras droit levé. Sauf un seul, au centre de la photo. Il sourit. Il est le seul à sourire. J'espère qu'il aura survécu.

Il tire la patrie du désastre, l'élève à la lumière. Effondrée, bafouée, comme jamais dans son histoire, il lui rend l'honneur et l'illusion magique d'être restée la même.

***

L'identification à une « vedette »

L'identification à une vedette du sport ou de la chanson est une identification au « grand frère » ou à la « grande sœur ».

Le premier stade est l'imitation d'un être proche.

« *Qui copiez-vous là ?* » demanda Freud à une patiente qui se plaignait de douleurs aiguës d'estomac. Il tombait juste : elle imitait une cousine à laquelle elle avait rendu visite la veille. Et elle l'imitait bien : dans les deux cas il s'agissait d'une « *maladie diplomatique* ».

L'imitation consiste bien plus souvent à **suivre un exemple de conduite sociale** :

• Tournures de langage qu'on adopte sans s'en rendre compte.

• Vêtements et mobilier à la mode.

• Manières de vivre chez soi ou d'aller en vacances.

• Livres à lire… qu'on ne lit pas forcément jusqu'au bout.

Ce mimétisme se répand souvent dans le corps social à la vitesse de l'éclair. Quelquefois il s'agit d'un simple effet de mode : il disparaîtra presque aussi vite.

L'***imitation*** est une identification parcellaire et souvent fugitive. Elle tend à rendre plus homogènes les conduites et les mentalités, dans un espace géographique de plus en plus large de nos jours.

* * *

L'***identification*** est tout au contraire, une passion captatrice et durable. On rêve d'être, on veut être la personne à laquelle on s'identifie : elle apparaît comme une ombre brillante et tenace dans notre miroir.

Le jeune enfant ne cesse d'emprunter, d'imiter, de s'identifier aux parents, dans la manière de marcher ou de materner la petite sœur ou sa poupée.

L'enfant se construit sur des emprunts massifs faits à une ou deux personnes, rarement trois ou quatre. Il y a presque toujours un personnage dominant. En même temps, très précocement, « *il se pose en s'opposant* ».

De cette imbrication d'apports et d'innovation, dont on ne devine pas la centième partie, surgira à l'adolescence un être unique, à nul autre pareil.

Mais un enfant heureux restera toujours surprenant. Il admire, il s'identifie, il contredit, il prend le contre-pied, il fait un pied de nez. Il enseigne l'adulte lorsque celui-ci est attentif.

* * *

L'identification à une vedette du sport :
Zinedine Zidane

Zinedine Zidane a figuré, à plusieurs reprises, parmi les plus aimés des Français aux sondages annuels de popularité (hit-parades).

Dans cette cote d'amour, on ne trouve que des figures auxquelles on peut s'identifier aisément. Ils sont *typés*.

Et chacun pour des raisons assez particulières : jusqu'à sa mort, ce fut l'Abbé Pierre *(un logement décent pour tous !)*, Bernard Kouchner *(French Doctor des tropiques)*, des vedettes de cinéma (d'éclatante ou secrète beauté). Chacun de ces personnages est un inspirateur de rêves, une étoile fixe : une **star**. L'on s'identifie à quelqu'un de profondément différent. L'effet de miroir est moindre qu'avec le chanteur de charme.

« Zizou » est à part. Né il y a quelque trente ans dans un quartier périphérique de Marseille, il est ce dont le général de Gaulle avait peut-être brièvement rêvé lors de son plan de Constantine pour le peuple algérien tout entier : être *un Français à part entière*. Il associe l'accent chantant du Midi, une intégration évidente et discrète, un attachement profond à sa famille, le respect de ses racines.

Pourquoi est-il devenu la vivante idole de jeunes gens, de toutes origines : un objet idéal d'identification ?

Sûrement pas pour savoir marquer des buts beaucoup plus souvent qu'un autre. En tout cas pas seulement.

Est-ce parce qu'il réunit dans sa personne la simplicité d'un enfant du peuple et l'aristocratie naturelle des êtres d'élite ? peut-être.

Est-ce pour cette dignité dont chacun devine en lui la présence : une retenue extrême, un geste rare, peu de paroles, un sourire discret, de beaux yeux, une certaine fragilité dans le regard, de celles qui traduisent une force morale incroyable ? à coup sûr.

En fait, son trait le plus marquant réside peut-être dans sa simplicité. C'est elle, avant tout, qui permet l'identification. On rêve d'être Zinedine. On peut. Dans le langage populaire on dit : « *Ça ne lui a pas pris la tête* » ou plus vulgairement : « *Il ne la ramène pas.* » Et il ne fait pas semblant.

Une chose est certaine : durant toute sa vie professionnelle, le modèle dont il est porteur, embelli ou réel, a pu élever moralement de très nombreux adolescents. Le plus souvent il n'a favorisé simplement qu'un sursaut bref ou quelques rêves. Dans quelques cas sans doute et de manière durable, il leur a montré une voie raide par où pouvoir grimper, chacun selon ses dons particuliers.

Il a affirmé, sans en parler jamais, l'égalité fondamentale entre les hommes. Par sa manière d'être, il fait rentrer sous terre le racisme individuel ordinaire qui explose si souvent, hélas, dans les stades. C'est peut-être la meilleure leçon qu'on puisse jamais recevoir de lui.

***

L'identification à une chanteuse de charme : Barbara

Plus on peut s'approcher de l'Idole, et plus on y pénètre et plus on s'y confond. Curieusement la proximité ne se dilue pas dans la foule immense. Elle s'y renforce : effet de foule, au Zénith par exemple quand elle y a chanté avec Gérard Depardieu.

L'hystérie des premiers rangs y fait exploser les fauteuils. Des jeux de lumière tournoient dans le ciel noir. À la fin du spectacle, l'élan libidinal collectif brusquement retombe. Il éclate, se disperse, et s'individualise. Il se poursuit bien au-delà de la fièvre d'un soir.

Mais on préfère l'écouter dans des salles de dimension moyenne comme au Châtelet, chantant en solo : ce sont les conditions idéales de l'identification.

Quatre passions la font vivre : l'amour, la nature, le père et son public.

L'amour

L'amour envahit ses chansons, et la vie et les pensées de tout son public et c'est **l'éternelle première fois** :

> *« Avant toi d'autres sont venus*
> *Que je n'ai jamais reconnus*
> *Pour toi, je ne suis pas la même,*
> *Toi, ce n'est pas pareil je t'aime »*

Et chaque amour nouvelle sera la première, comme dans la vie tumultueuse d'Édith Piaf.

Mais l'amour est un trésor instable :

> *« Car il faut savoir se quitter*
> *Avant que ne meure le temps d'aimer »*

Une plainte du poète Louis Aragon lui répond, dans un très long vers de seize pieds :

> *« Dame de cœur, je le sais bien, un jour il faudra que je*
> *parte »*

> ***« Elle ne sait pas dire »*** :
> *« Je saurai sur moi dévêtue*
> *Entre mille (!) quelle est ta main*
> *Mais simplement dire je t'aime*
> *Je ne sais pas, je ne sais pas »*

Nous vivons dans un monde morcelé de silences… et la chanson aide à les rompre.

Barbara dit aussi les cahots du cœur et son : *« Attendez que ma joie revienne »* résonne comme un écho assourdi du *Que ma joie demeure* du romancier Jean Giono.

Car la joie est longue à venir et prompte à disparaître, et elle connaît :

> *« Le mal de vivre*
> *Qu'il faut bien vivre*
> *Vaille que vivre »*

et elle sait depuis toujours :

> *« Que tout le temps perdu*
> *Ne se rattrape plus »*

Au bout de la course, un **fantôme** :

> *« Partout elle me fait escorte*
> *Elle me suit pas à pas*
> *Elle m'attend devant ma porte*
> *Elle est revenue, elle est là :*
> *La Solitude »*

Comment ne pas y retrouver dans *La Nuit de décembre* d'Alfred de Musset, ce

> *« …malheureux vêtu de noir*
> *qui (lui) ressemblait comme un frère :*
> *Quand tu seras dans la douleur*
> *Viens à moi sans inquiétude*
> *Ami, je suis la Solitude »*

C'est dire à quel point la poésie des poètes, la poésie sans autre musique que celle des paroles, berce et nourrit Barbara.

* * *

La nature

Elle vient se mêler à toutes les passions

> *« J'ai vu l'or et la pluie*
> *Sur les forêts d'automne*
> *Les jardins alanguis*
> *La vague qui se cogne »*

Ainsi apparaissent à la fois les bois amicaux, la campagne triste, et la côte sauvage.

L'**arbre** y est le suprême compagnon :

> « *Sous tes branches qui se penchent*
> *Je retrouve mes rêves d'enfant* »

mais tout aussi bien, dans un tourneboulis comique :

> « *Et dans l'herbe jupon vole*
> *Et s'envolent nos rêves d'enfant !* »

***

L'ombre portée du père

> « *Un beau jour ou peut-être une nuit*
> *Près d'un lac je m'étais endormie*
> *Quand soudain semblant crever le ciel*
> *Et venant de nulle part surgit un aigle noir* »

Elle l'imagine l'entendre dire : « *Et toi, mon adolescent, Toi* **ma déchirure** », nouvel écho d'un autre poème de Louis Aragon : « *Mon bel amour, mon cher amour,* **ma déchirure** ».

Cet aigle noir, c'est son père, et c'est l'inguérissable blessure de l'inceste qui ne peut effacer la tendresse : chez elle, rien ne sera jamais vulgaire :

> « *Pour que ne ternisse jamais*
> *Ce diamant qui nous fut donné*
> *J'ai brûlé notre cathédrale.* »

***

Une seule passion durable : son public

Durable et dévorante !

> *« Du plus loin que je me souvienne*
> *Si depuis j'ai dit je t'aime*
> *Ma plus belle histoire d'amour, c'est vous. »*

Avec chacun d'entre elles et chacun d'entre eux, c'est un échange et un mêloir, une **identification** fusionnelle… Dès lors que reste-t-il de temps pour avoir ce qu'on appelle *« une vie personnelle »*.

* * *

Terminons sur une note comique : seront-ils tous à son enterrement :

> *« Ceux que je trouve avec outrance*
> *couchés là sur mon paillasson ! »*

119

Deuxième partie

Complexes

- Le complexe d'Œdipe
- Le complexe de castration
- Le complexe d'infériorité et de supériorité
- Le complexe de Stéphane
  ou l'Œdipe entre trois et huit ans
- Le complexe d'Annabel
- Le complexe d'Arthur
- Le complexe d'un théologien minuscule

Intermède
Mots d'enfants de trois à douze ans

Depuis Freud, le mot *complexe* s'est très progressivement répandu. il jouit de nos jours d'une grande faveur dans la langue populaire. C'est un mot-clé dans l'analyse de la personnalité secrète d'autrui :

- tantôt « il a **des** complexes », et c'est considéré comme assez accablant ;

- tantôt « il a **le** complexe » et c'est habituellement un complexe d'infériorité.

Dans les deux cas la personne n'en sort pas indemne : la psychanalyse vulgaire peut devenir une arme de démolition.

* * *

Les complexes nagent entre deux eaux : ils se situent entre la conscience claire et *l'inconscient,* ce continent enfoui sous les eaux, découvert par la psychanalyse. Jamais les complexes ne remontent à la surface en totalité.

Il existe souvent dans la méditation personnelle un **mot-gachette** qui, par son brusque jaillissement, déclenche une série d'associations de pensées dormantes.

* * *

Il ne s'agit pas d'écraser, de refouler, d'éliminer nos complexes mais de les laisser vivre et de s'entendre avec eux : ils peuvent ainsi devenir une richesse de la personne.

Le Petit Nicolas, héros craquant de Sempé et Goscinny, souffre d'un *léger décalage* : c'est bien de cela qu'il s'agit !

Et le poète Antonin Arthaud, « J'ai, pour me préserver des autres, toute la distance qui me sépare de moi-même. »

LE COMPLEXE D'ŒDIPE

Si l'œdipe est un œdipe affectueux et sexuel
débutant dans l'enfance et irriguant la vie entière,
ce peut être une belle ou dramatique histoire d'amour
selon qu'on l'a vécue : comme un préambule heureux
à toute histoire nouvelle ou comme un malheur
responsable de tous les déboires amoureux
d'un homme débousssolé.
MAIS...

Rien n'est jamais acquis à l'homme, a dit le poète,
ni sa force ni sa faiblesse aussi... (ARAGON)

***

Le complexe d'Œdipe avant Freud
et à son époque

Totem et tabou dans un monde dit « primitif »

Les interdictions qui régissent le monde tribal sont :

- ne pas tuer l'animal-totem, sauvage et sacré ;
- vénérer sa représentation matérielle, souvent très haute, très belle, effrayante ;
- ne pas avoir de relation sexuelle avec un ou une partenaire appartenant au même totem.

Avec l'enterrement et le culte des morts, le tabou de l'inceste assure l'hominisation de nos lointains ancêtres. Il les distingue radicalement des autres hominidés.

En ces temps, lointains à nos yeux, tout s'est exprimé sur un mode obscur.

Le complexe d'Œdipe dans la légende grecque

Pour cet ancien directeur de société : « *Le complexe d'Œdipe c'est la jalousie du père ; les gens qui en souffrent, ce n'est pas drôle pour eux.* » Il dit bien : *jalousie du père* et non pas jalousie du fils à l'égard du père. Selon lui, c'est le père qui est jaloux. Cette opinion particulière relève peut-être de ses propres souvenirs.

Si l'on se réfère à la légende grecque, cet homme a raison. Le roi Laïos éloigne son fils Œdipe dès qu'un oracle lui annonce qu'il le tuera plus tard et qu'il épousera sa mère. Il l'abandonne sur une montagne sauvage. Précaution cruelle. Elle équivalait à une condamnation à mort.

Pourtant Œdipe survécut. Recueilli et élevé dans l'ignorance de ses origines, Œdipe adulte se querelle par hasard sur une route avec son père Laïos, il le tue, il épouse ensuite sa mère Jocaste et devient roi de Thèbes à la place de Laïos. Dès lors, il recherche activement l'homme qui a tué son père, et découvre que l'assassin n'est autre que lui-même. Jocaste se pend, Œdipe se crève les yeux, et part errer comme un vagabond sur les routes, en prenant pour guide sa fille Antigone.

Par la force des choses, Œdipe n'a pu connaître le complexe d'Œdipe, n'ayant croisé son père que pour le tuer aussitôt. Il commet parricide et inceste sans le savoir. Il accomplit son destin comme poussé par une fatalité aveugle.

Dans la morale de l'époque, cette fatalité emportait la conviction d'une entière responsabilité. Dans la morale d'aujourd'hui, il en serait tout autrement. C'est dans cet entre-deux que Freud place sa redécouverte du complexe d'Œdipe.

Dans la mythologie grecque, la légende s'enrichit de multiples variantes. C'est ainsi que :

- le sphinx qui pose à Œdipe une énigme à résoudre possède une tête de femme et des seins, avec trois symboles masculins : un corps de lion, une queue de serpent et les ailes d'un aigle : cette bisexualité de la bête est un autre mystère ;

- dans une version, Œdipe se crève les yeux avec une épingle arrachée à la robe de sa mère Jocaste : procédé atroce et signification claire ;

- dans un récit, probablement exact du point de vue historique, Œdipe tente de remplacer la loi de succession royale, matrilinéaire à Thèbes, par une succession patrilinéaire. On en aperçoit mal les conséquences politiques. Le fait est que les Thébains rejetèrent le projet, qui fit bannir Œdipe pour ce motif très différent mais dans lequel la filiation se situe toujours au premier plan des symboles.

Le complexe d'Œdipe du XIIe au XIVe siècles

Durant le Moyen Âge, l'inceste apparaît très différemment. Il entre dans la lumière de l'évidence, en cantonnant la faute hors du peuple.

Luc Boureau[1] retrace son histoire durant le bas Moyen Âge. Voici un résumé de son savant récit.

Dans la *Légende dorée* de Jean Voragine, texte alors le plus répandu et le plus lu après la Bible, l'histoire de Judas se trouve alourdie d'une étrange manière. Avant de rencontrer Jésus, il aura tué son père et épousé sa mère. Afin d'expier ses crimes, il se rend auprès du Christ et se confesse à lui. Celui-ci, dans sa bonté infinie, l'accueille parmi ses disciples. Puis, comme dans l'Évangile, Judas le trahit et se pend de remords.

Bâti au XIIe siècle, ce récit se retrouve dans une cinquantaine de manuscrits jusqu'au XIVe siècle. Il est absent de la tradition évangélique, de la prédication, de la théologie, de l'iconographie du vitrail.

---

1. « L'inceste de Judas », in *Penser/Rêver 7*, Éditions de l'Olivier, 2005.

C'est durant la même période qu'apparaissent les légendes incestueuses du pape Grégoire et de plusieurs saints : André, Alban, Martin et Brice : leurs vies se trouvent revisitées de la même façon.

La hantise de l'inceste est alors telle que les mariages entre cousins se voient interdits jusqu'au dix-septième degré !

Ces récits n'accusent d'inceste que les Grands de ce monde : pape, saints patrons et un disciple fourvoyé du Christ… comme si la faute était forcément absente chez les *simples gens*.

L'inceste est manifeste. L'Œdipe est escamoté.

On retrouve un écho affaibli de cette singulière folie dans le *Candide* de Voltaire : à Lisbonne, au XVIIIe siècle, un oncle y finit sur un bûcher pour s'être allié à sa nièce. C'était au temps de l'Inquisition.

Le complexe d'Œdipe selon Freud

De nos jours, tout le monde dit connaître Freud et son complexe. Très peu de gens déclarent qu'il s'agit d'une simple *pulsion* physique, d'un désir sexuel manifeste du fils à l'égard de sa mère : une seule personne sur quinze dans une enquête personnelle. Le discours habituel est mesuré, nuancé. Il reproduit avec des variantes infinies l'*évitement* inauguré par le récit grec.

En témoigne l'histoire, souvent racontée, de la mère juive dont le fils est déprimé. Cette femme est une caricature de la *mère impossible*, telle que chacun de nous a pu la rencontrer dans bien des milieux de religions diverses. Cette mère ne sait plus comment parler à son fils. Leurs rapports sont très tendus, à tel point que d'un commun accord, ils décident d'aller consulter un psychiatre.

Après quelques séances, le psychiatre pense avoir le droit de dire à la mère : « *Je vois ce qui se passe entre vous et votre fils : il a un complexe d'Œdipe.* » La mère répond : « *Un complexe ? Ce n'est pas grave. L'important, c'est qu'il aime sa mère.* » Confrontée à la brutalité maladroite du thérapeute, elle fait une pirouette géniale, rappelant que le mot amour est riche de sens multiples.

Dans cette histoire triste et drôle, on devine un attachement démesuré du fils à sa mère, que celle-ci veut ignorer, et qui fait leur bonheur et leur malheur communs.

Marivaux a tenu un propos qui nous aide à commenter l'histoire de la mère abusive : « *J'ai guetté dans le cœur humain toutes les niches différentes où peut se cacher l'amour lorsqu'il craint de se montrer.* »

Le mot *niche* peut signifier : refuge, abri, petite maison, sécurité mais aussi : tour malicieux, blague, taquinerie. *On offre une niche* ou bien à l'opposé : *On fait des niches.* L'amour maternel peut être tout cela à la fois et bien d'autres choses encore.

* * *

Lorsque Freud osa décrire, chez le jeune enfant, la présence de sentiments incestueux à l'égard du parent du sexe opposé, cette révélation fit scandale. Un scandale immense, bien qu'il fût resté longtemps confidentiel.

On y voyait détruits l'interdit de l'inceste en même temps que le dogme de l'innocence enfantine. Comme si les sentiments vifs qu'un jeune enfant pouvait éprouver à l'égard d'un père ou d'une mère annonçaient un danger imminent de sexualité active. Comme si l'honnêteté des mœurs et de l'éducation familiale pouvait disparaître par le maléfice d'une théorie déplaisante.

Freud, homme prude à l'extrême autant que courageux, se vit accusé d'être un pornographe et de répandre le vice dans le monde entier. Il tint tête à l'orage et persévéra dans ses recherches.

* * *

Le complexe d'Œdipe : dans la tempête présente du père découronné

Depuis Freud, l'œdipe est devenu…
plus complexe… !

Le Maître a vu d'emblée que la relation avec la mère était directe et fondamentale aussi bien pour la fille que pour le garçon. L'enfant se prend de passion pour ses deux parents à la fois, mais c'est un seul qui est l'objet de son désir. Ce n'est pas *forcément* celui de l'autre sexe.

Surtout **la relation est réciproque** : elle est évidente cette « *impulsion des parents eux-mêmes dont la tendresse porte un caractère nettement sexuel, inhibé il est vrai dans ses* *fins* ». La « préférence » est habituelle du père pour la fille et de la mère pour le fils : il est arrivé à Freud de faire un rêve *plus que tendre* avec l'une de ses filles !

L'adulte, s'il est resté infantile, peut considérer lui aussi son enfant comme un rival ! Trois générations se trouvent dès lors impliquées avec un grand-père surgi de sa boîte. Sans parler des générations plus lointaines qui vivent dans l'ombre, à travers récits et secrets ! Nos ancêtres nous surplombent !

Françoise Dolto, dans son franc-parler, fait toujours référence à la mère de la mère pour comprendre et expliquer le conflit avec la fille. Pour elle la **fratrie** élargit tous les échanges. Elle lui paraît également essentielle. Et comme elle a raison !

En définitive la relation œdipienne se trouve replacée dans un très large réseau d'accointances.

***

La place du père n'est plus la même

Selon des statistiques sérieuses, le temps que le père consacre chaque jour à son enfant ne s'est prolongé que de quelques minutes depuis des décennies. À partir de cette fixité des rôles, qu'est-il advenu du reste ?

Entre la fin du XIXe siècle et le début du XXIe siècle, beaucoup de choses ont changé. Jadis, dans la Vienne impériale, les hommes portaient barbe, moustache et lorgnons. Ils régnaient sans partage sur la société et sur leur famille.

Les enfants n'étaient « *presque rien* », et leur mère « *pas grand-chose* ». De nos jours, le règne du père se trouve partout contesté, les femmes s'émancipent avec vivacité, et leurs enfants plus vite encore. L'Œdipe moderne s'est forcément modifié à la faveur de ces changements sociaux considérables. Reste à savoir ce qu'il est devenu. L'enquête n'est pas facile.

Dans un livre prophétique, *Vers la société sans pères* (1963), André Mitscherlich compare les sociétés paysannes traditionnelles, allemandes et américaines, au monde d'aujourd'hui. Dans la ferme familiale, le père travaillait sous l'œil attentif de l'enfant. Vie commune et travail n'étaient pas séparés. L'ensemble des activités circulaient d'une génération à l'autre. Le père était le chef et l'Œdipe dans la *nature des choses*.

De nos jours, la vie urbaine a pris un poids écrasant, les distances à parcourir aussi. L'activité professionnelle du père est souvent inconnue. Il a rarement envie d'en parler.

Dans certains domaines : sport, bricolage, culture générale, le père peut encore servir de modèle concret : l'Œdipe se construit alors et peut se résoudre sur un modèle qui ressemble à l'ancien.

Mais le rôle du père s'est considérablement rabougri. Il n'est réellement présent que pendant les fins de semaines où très souvent il se contente de regarder la télévision… ou de récupérer. Le dialogue dans les familles s'est appauvri.

La parole des anciens est décrédibilisée. Chacun se constitue comme sa propre référence ou va la puiser dans le même groupe d'âge ;

* * *

Deux exemples concrets de ce changement d'époque :

* en cas de conflit vif entre les parents, les sentiments de jalousie ou d'hostilité à l'égard d'un des parents, qui seraient conformes à l'ancien schéma, semblent de nos jours moins fréquents que la volonté conduisant l'enfant à ne pas prendre parti. À moins qu'il n'ait été lourdement manipulé par l'un de ses géniteurs. Cette maturité de l'enfant est une chose nouvelle. Il raisonne en petit adulte ;

* autre exemple : Stéphane, onze ans, vient d'entrer en sixième ; il apprend très vite par les conversations de préau que la moitié de la classe vit dans des familles éclatées ; rentré chez lui, il déclare à ses parents (qui pourtant s'entendent plutôt bien) : « *Si vous voulez divorcer, je vous attache avec de la sécotine.* » Est-ce un rival qui parle ? Sans doute mais pas seulement.

* * *

Œdipe, es-tu encore là ? C'est vraiment la question

L'Œdipe existe néanmoins. C'est une étape à franchir dans le développement naturel du jeune enfant. Sa traversée est indispensable pour structurer l'adolescent[1].

---

1. En cas d'échec : le risque chez le garçon est celui d'une homosexualité déclarée ou latente ou bien encore d'une névrose obsessionnelle. Chez la fille ce peut être une hystérie ou une frigidité à issue clitoridienne.

Parvenu à l'âge adulte, l'homme reste souvent, dans sa relation de couple, moins responsable, moins engagé, plus fuyant que sa compagne tant à son égard qu'à celui de leurs enfants. Serait-ce un interminable Œdipe qui se prolonge dans toute relation nouée avec une autre femme que la mère ? Serait-ce une faiblesse génétique du mâle humain ?

Les choses sont en tout cas beaucoup moins simples que le schéma freudien. « *Pour être père, il ne suffit plus de faire un enfant, encore faut-il assumer les multiples fonctions qui définissent désormais la paternité* », constate l'historien André Rauch.

Les rôles traditionnels restent encore si bien tracés, si fortement ancrés dans les têtes (plus souvent chez les hommes) que les nouveaux pères ont souvent du mal à trouver une place nouvelle.

Le chômage du père, chronique dans certains cas, a accéléré l'effondrement de *l'image*. Point de respect, nul prestige sans une paye régulière ramenée à la maison.

Les femmes, quant à elles, ont eu à livrer un combat gigantesque pour se libérer. Mais elles sont entrées facilement dans leurs nouveaux rôles, malgré les tirs groupés dont elles ont été et restent les victimes.

On se moque encore des *papas poules*. Ils se perdent un peu dans les *congés paternels*, les *familles recomposées* et les *gardes partagées*.

* * *

Oui, je suis là ! répond Œdipe

On peut voir, comme des feux mal éteints dans un paysage dévoré de sécheresse, renaître par endroits un violent amour-jalousie-haine pour des figures paternelles de remplacement.

Elles sont rarement recommandables : chefs de bande d'adolescents, dirigeants politiques charismatiques (il y en a peu), prédicateurs « religieux »-*hommes d'affaire* (il y en a beaucoup), gourous divers, pâles effigies d'un manque fondamental qui est à la recherche de fondations nouvelles.

Les bonnes volontés ne manquent pas pour répondre à ce manque fondamental. Mais les formules sont difficiles à trouver. Il faudra beaucoup recréer. Et la figure du Père, aimé et redouté, resurgira peut-être, plus douce, de ses cendres.

* * *

Le mystère du complexe d'Œdipe

Il ressemble peut-être à une volumineuse matriochka russe en bois peint. Elle contient dans ses rondeurs une série imbriquée de poupées, de plus en plus petites au fur et à mesure qu'on les désemboîte. La dernière est minuscule et c'est la seule qui soit en bois plein. Elle ne révèle aucun secret qu'on ne connaisse déjà.

Mais cette image apparaît comme exclusivement féminine ! N'est-elle pas celle de la maternité triomphante ? Elle témoigne peut-être de la *forclusion*[1] du Père…

* * *

Encore Marivaux pour conclure : « *Peignez la nature à un certain point, mais abstenez-vous de la saisir dans ce qu'elle a de trop caché, sinon vous paraîtrez aller plus loin qu'elle ou la manquer.* »

---

1. 1) Au sens juridique : déchéance d'un droit non exercé dans les délais prévus. 2) Au sens psychanalytique : rejet de représentations insupportables : elles n'ont même pas le temps d'entrer dans l'inconscient !

LE COMPLEXE DE CASTRATION

Freud a cantonné l'usage du mot *complexe* – dont il redoutait l'imprécision – à deux termes seulement : *complexe d'Œdipe* et *complexe de castration*.

Le complexe d'Œdipe a connu un succès populaire immense (qui n'a pas fait son *petit Œdipe* ?), alors que le complexe de castration n'apparaît jamais dans le discours quotidien. Il fait peur. C'est le symbole d'une mutilation physique et morale.

Chacun sait que l'émasculation des castrats fut pratiquée jusqu'au XVIIIe siècle pour utiliser leur voix aiguë dans le service liturgique. Cette pratique barbare était déjà depuis longtemps condamnée par l'Église.

On retrouve un rappel de cette mutilation dans l'arsenal des injures. Le plus souvent sous la forme d'une plainte elliptique très atténuée : « *Tu me les casses !* » Jamais comme menace explicite.

Dans les horreurs de la guerre, on mutile parfois, pour bafouer l'ennemi au-delà de sa mort : comme si son émasculation renforçait la virilité des survivants.

***

Un rituel de castration existait dans la mythologie phrygienne (Asie mineure, 2000 ans avant Jésus Christ) : Cybèle, déesse-Mère, y personnifiait la fécondité. Son fils et amant Attis, empêché par elle de se marier, se castra de désespoir avant de mettre fin à ses jours. Cybèle fut ensuite adoptée par les Romains sous le nom de Rhéa (200 ans avant Jésus Christ). Son culte s'accompagnait de rites orgiaques et d'auto-mutilations.

Cette image de mère incestueuse et dévorante illustre le complexe d'Œdipe avec une brutalité extrême.

On la retrouve sous une forme très finement élaborée dans la *Génitrix* de François Mauriac.

***

Françoise Dolto, psychiatre d'enfant, a admirablement dédramatisé le mot **castration**. Elle lui a donné une portée radicalement différente, **purement symbolique**. Ce sens très adouci est resté ignoré du grand public malgré l'immense popularité radiophonique de cette grande dame de la psychanalyse d'enfants. On l'a beaucoup écoutée. On l'a moins lue.

Elle a distingué 3 castrations :

1/ Une **castration orale** : c'est le sevrage du corps à corps fusionnel de l'allaitement au cours duquel le jeune enfant acquiert les rudiments d'un langage qui rend possible sa communication avec des tiers. À l'âge des premiers dessins, Françoise Dolto remarquera chez certains enfants perturbés *l'étape des deux boules*, reproduisant le corps à corps fusionnel mère-bébé ;

2/ une **castration anale** : étape fondamentale grâce à laquelle va s'interrompre la tutelle directe de la mère sur son enfant : il apprend à se laver tout seul, à s'essuyer, à s'habiller, à tenir cuillère et fourchette, à déambuler, à s'ouvrir au monde et tout d'abord au père et à la fratrie.

Cette révolution passe par l'acquisition du contrôle musculaire sphinctérien vers un âge très variable, entre deux et trois ans en moyenne. On peut très bien s'habiller, tenir sa cuiller et *faire dans sa culotte* : la maturation du système nerveux chez le petit d'homme est très lente. Cette acquisition s'insère dans une acquisition de la motricité musculaire générale.

L'enfant apprend à **faire** avec ses mains. C'est déjà un petit *homo faber*, miniature de nos lointains ancêtres. Importance des jeux de construction : cubes, *mécanos*, *legos*, châteaux éphémères sur les plages avec ces deux matériaux magiques : le sable et l'eau. Il devient ordonné, réfléchi, plus patient. *L'Image inconsciente du corps* (titre du livre le plus important de Françoise Dolto) enregistre un par un les progrès moteurs de l'enfant.

La sphère anale devient ensuite l'objet d'une répugnance acquise et ambivalente. Cette région anatomique est un des lieux de naissance du sentiment de pudeur. Son importance est attestée par la naissance d'un rire particulier : de franches « *rigolades* » se déchaînent chez l'enfant quand il entend des bruits provenant du tube digestif.

Une expression explose et devient familière à cet âge *caca boudin* ! *Caca* se prononce entre la langue et le voile du palais et *boudin* plus en avant dans la bouche, entre les incisives et l'arrondi des lèvres, comme pour préparer une expulsion. C'est l'onomatopée favorite du stade anal, suggérant par imitation phonétique la chose dénommée. Plus tard, on pourra s'en trouver choqué.

Rabelais pourrait être le symbole littéraire de cette période d'enfance. Il se situe par ailleurs dans un univers profondément humanisé où « *le rire est le propre de l'homme* ». Il associe les repas monstrueux de l'abbaye de Thélème à l'humanisme éclairé de la Renaissance… Cet épanouissement total tourna court à l'âge du jansénisme.

3/ la **castration œdipienne** intervient plus tard, vers l'âge de cinq à sept ans. L'interdiction de l'inceste est alors intériorisée : c'est la fin de la séduction exercée par l'enfant sur les deux géniteurs. Il renonce à être le mari de sa mère pour le garçon, et la femme de son père pour la fille. Il est important que le père rappelle la place de chacun dans la famille.

À trois ans Annabel rêvait d'épouser son père, à cinq ans elle se reporte sur Arthur, son cousin germain. Emmeline, petite sœur d'Anabelle, très mature à deux ans et demi, a choisi de se marier avec le Prince charmant.

La fin du complexe d'Œdipe permet d'édifier la conscience morale (le « surmoi »). Elle s'épanouira dans l'éducation scolaire, avec ses règles et ses interdits. S'il fallait citer un exemple de castration œdipienne réussie, nous choisirions **Victor Hugo** : une mère admirable et adorée, un père magnifique et lointain, une nature vigoureuse associant narcissisme, érotisme et obstination.

* * *

Alors que la castration orale se situait dans le domaine de **l'avoir** (possession du sein), la castration œdipienne vient se placer dans le domaine de **l'être** (prendre un adulte pour modèle et pour *objet* dans un conflit soluble). **Être** et **avoir** : catégories fondamentales de la vie humaine et de la théorie freudienne.

* * *

À la lumière de l'enseignement de Françoise Dolto, on aperçoit à quel point le *complexe de castration* peut se trouver humanisé avec une infinie délicatesse. La prohibition de l'inceste ne diminue point le désir mais l'oriente vers d'autres objets (sous forme de *sublimations* diverses).

Ainsi, le complexe d'Œdipe sera « *simple et positif* ».

* * *

Castration symbolique et circoncision

Le traitement par Françoise Dolto du terme *castration* pourrait être rapproché d'une autre *castration*, également symbolique : la circoncision.

Ce sens est affirmé dans le Deutéronome, puis par Jérémie, enfin par le Christ : c'est aussi, dirent-ils, **une circoncision du cœur**, sans laquelle la circoncision dans la chair perd une part notable de sa signification.

Comme celle de Françoise Dolto, cette circoncision spirituelle vise à transformer le corps naturel de l'enfant en corps viril humanisé.

* * *

Le phallus

Suivant l'opinion de Galien, médecin de la Rome antique, la semence provient du cerveau et descend le long de la moelle épinière avant de se répandre par la verge. Léonard de Vinci a immortalisé cette hypothèse lourde de sens dans un dessin d'une beauté sublime.

Au royaume des symboles, l'objet menacé de castration n'est pas le petit pénis dont le jeune garçon est si fier, mais le **phallus** imaginaire qui fut objet d'adoration durant la préhistoire. Il figure dans la lande bretonne sous forme de *menhirs*, immenses pierres levées disposées en alignements ou en cercles, pour servir un culte à jamais disparu.

Le Complexe d'infériorité et de supériorité

De tous les complexes dont « on cause », le *complexe d'infériorité* arrive sans doute en tête dans les conversations. Quand on dit : « *Il a ou il fait **un** complexe* », c'est presque toujours de lui qu'il s'agit.

***

Alfred Adler (1870-1937) en eut l'idée. Disciple de Freud, il rompit assez vite et très brutalement avec lui. Il écartait les notions freudiennes de libido, de refoulement, d'inconscient. Et c'était pour Freud un défi intolérable.

Adler parlait en fait d'un **sentiment d'*infériorité***. Mais dans la langue courante, on ne fait guère de *sentiment* et c'est le mot *complexe* qui s'est imposé.

Le complexe d'infériorité devait expliquer la **personnalité tout entière** et les névroses qui la frappent. Freud n'en faisait qu'un symptôme. Il aurait fallu, selon lui,

143

scruter dans l'inconscient du sujet : le complexe d'infériorité n'est que la façade d'une réalité psychologique enfouie.

* * *

L'origine du complexe d'infériorité se situe, pour Adler, dans la petite enfance. Il serait provoqué par la taille du marmot : il est en effet minuscule par rapport à ses parents, dont il dépend étroitement. À ses yeux, qui se lèvent longtemps vers le plafond, tout adulte est un géant de trois à cinq mètres de haut.

À ce constat dimensionnel humiliant, s'associe « en prime » une disgrâce physique de nature variable. Ce jugement d'Alfred Adler était prémonitoire.

Il n'est plus question aujourd'hui que du **corps visible** et de ses laideurs. Son atteinte peut avoir un impact considérable durant l'adolescence. C'est le moment où le corps en croissance s'interroge sur lui-même avec une certaine angoisse.

Les jeunes gens réunis en groupes joyeux s'examinent les uns les autres avec une grande cruauté. *Cet âge est sans pitié* (Victor Hugo). Les moqueries explosent et se font insistantes devant le moindre signe de laideur associé à de la timidité : gros *pif,* regard *bigleux*, oreilles décollées, gros seins, grosses fesses.

Et surtout **petite taille** : *rabougri ! rachitique ! nabot !* c'est le principal objet de comparaison. Elle provoque la souffrance la plus vive, à moins que la poussée pubertaire ne vienne corriger cette erreur temporaire de la nature.

En fait cette « erreur » n'est pas en soi-même néfaste : elle peut dynamiser le garçon pour la vie si la petite taille s'obstine à durer : les *grands hommes* petits sont nombreux !

* * *

Par un effet de rebond qui fait partie de la psychologie élémentaire, le sentiment d'infériorité déclenche en retour un *sentiment de supériorité* compensatoire. Son affirmation est souvent très forte. Elle peut puiser cette force dans la fabulation.

Nous connaissons un garçon de six ans, futé, débutant au tennis ; il nous affirma avec tranquillité, après quelques leçons, jouer déjà mieux que son professeur !

« *Je suis le meilleur !* » est une boutade que l'on entend encore souvent à l'âge adulte, mi-plaisante, mi-sérieuse.

Cette expression de supériorité plastronnante nous semble très particulière au sexe mâle. Elle a peut-être à voir avec « *le cinquième membre* » de l'homme. Cet objet très précieux veut constamment s'affirmer dans l'acte amoureux et dans la vie symbolique (richesses, pouvoir, influence).

* * *

La mécanique mentale *infériorité-supériorité*, dans un va-et-vient de piston, entraîne chez les êtres humains des comparaisons permanentes : conception darwinienne de la vie, combat quotidien. Il permet de sélectionner « *les meilleurs* ».

Alfred Adler était un lecteur de Nietzsche. Il semble avoir subi l'influence de ce brillant philosophe, animé par l'idée d'une *volonté de puissance,* croissante au fur et à mesure qu'il était frappé par une paralysie générale.

L'audience la plus large d'Adler se situe aux États-Unis. Dans ce pays, *le struggle for life* (combat pour la vie) fait classiquement partie des plus hautes vertus du citoyen : la légende du *Far-West* n'est jamais loin.

** * **

Un complexe d'infériorité cruel : celui du vieillissement

Adler vivait à une époque où les corps étaient dissimulés sous les vêtements. Il n'avait pas pu prévoir les sentiments d'infériorité vive qu'engendre de nos jours le vieillissement du **corps démasqué**. Il se conjugue avec un mépris général assez marqué à l'égard des vieilles personnes.

Les sobriquets ne manquent pas pour les tourner en ridicule : une vieille dame cachée sous une serviette enlève discrètement son lombostat au bord de la mer : « *Eh dis donc grand mère, tu perds ta carapace !* » Histoire vulgaire, histoire vraie.

En réalité, sur les plages ensoleillées de l'été, le long de centaines de milliers de kilomètres, les vacanciers s'offrent désormais à la dénudation sur toutes les coutures et sur tous les continents. La tragi-comédie explose à tous les âges. La vieillesse ne fait qu'aggraver le drame.

Le sable fin, les rochers, les galets ronds sont un lieu d'explosion privilégié des complexes. Par bonheur, l'épreuve de vérité des regards se trouve adoucie, prévenue peut-être, pendant trois ou quatre mois tous les ans : la presse féminine et les hebdos s'y emploient à coup de recettes amaigrissantes multiples. Ils dévorent pour y parvenir l'immense forêt brésilienne. D'émotion la planète se réchauffe.

***

Le traitement chirurgical du complexe d'infériorité

Il y a encore des psychothérapies profondes. Elles demandent du temps. Voici venu le siècle des psychothérapies par *ravalement de façade*. C'est plus vite fait.

La demande de restauration du corps est immense, soutenue, inépuisable.

Il faut en faire disparaître *les plis*. Vaste programme. Cette demande concerne tous les âges, tous les pays bientôt, et tous les sexes.

Méfiez-vous, messieurs, mesdames, après le troisième lifting, il vous devient presque impossible de sourire.

LE COMPLEXE DE STÉPHANE OU L'ŒDIPE ENTRE TROIS ET HUIT ANS[1]

Transfert ?

3 ans. Deuxième jour de maternelle.

Les enfants font un dessin. Stéphane prend sa petite chaise et vient s'asseoir à côté de la maîtresse :

« *Toi, tu es toute seule. Eux, ils sont ensemble.* »

***

Coincé ?

Presque 5 ans.

« *Plus tard, j'épouserai Jaja, et puis non, j'ai peur de me coincer le zizi.* »

---

1. De 1975 à 1982.

Le soir : « *Papa, tu t'es jamais coincé le zizi ?* »

***

Double Désir

Entre 5 et 6 ans.

Le matin, en se réveillant : « *Mon désir, c'est papa et maman !* »

***

Narcissisme

La maman : « *J'ai quatre grands amours : Papa, Patou, Nat et Stéphane.* »

Stéphane le lendemain : « *J'ai cinq grands amours : Papa, Maman, Patou, Nat et moi.* »

« *Ô temps suspends ton vol !* » (Lamartine, « *Le Lac* »).

« *Je ne veux plus être immortel parce qu'à 110 ans je serai tout rabougri, plein de rhumatismes. Alors je veux rester exactement comme je suis avec Maman comme elle est.* »

Expansion lyrique

« *L'homme et la femme sont construits et ils ont fait les enfants, c'est comme ça que le monde devient de plus en plus grand et avant il était minuscule comme la graine de papa !* »

***

Port-Maritime

Il a 7 ans et demi.

Maman dit à Stéphane que son zizi s'appelle un pénis. Quelques jours plus tard, dans le bain : « *Il faut que je lave ma péniche.* »

« *Celui de Papa, c'est un paquebot.* »

Celui de Renaud, 3 ans, est tout petit : « *C'est une barque.* »

La sœur, Nat, 12 ans lance à la cantonade : « *Pavillons de plaisance !* »

Sœur jalouse ?

Nat : « *Tu n'as pas besoin d'embrasser Maman toute la journée !* »

Stéphane : « *Moi non, elle oui !* »

***

Vers une résolution de l'œdipe ?

8 ans et demi.

À sa mère : « *Tu es une femme très belle, mais tu as déjà choisi !* »

Au réveil, le zizi au garde à vous : « *C'est pas une maladie ?* »

Stéphane voudrait, une fois de plus, dormir avec sa maman : « *Je peux bien dormir avec toi, je mesure juste 41 centimètres de moins que Papa.* »

Trois jours plus tard, Papa est resté à Paris. Maman et Stéphane vont seuls à Trouville. Stéphane se met au lit avec sa mère, la main dans la main : « *C'est ma plus belle nuit… avec la première nuit où je dormirai avec ma femme.* »

LE COMPLEXE D'ANNABEL

Voici une forme féminine très récente du *complexe d'Œdipe*, débutant à trois ans et demi.

***

Papa annonce que c'est la « fête des amoureux » (la Saint-Valentin) et qu'il va sortir dîner avec Maman.

Annabel, pas d'accord : « *Pour la fête des amoureux, je vais au restaurant avec toi, et Maman reste à la maison avec la petite sœur.* »

***

Annabel a reçu des ballerines pleines de paillettes, des ballerines de princesse. (Elle connaît par cœur *Cendrillon* et *La Belle au bois dormant*).

La grand-mère (trichant un peu) : « *Et toi qui est ton prince charmant ?* »

Annabel (sans hésitation, et sans surprise) : « *C'est Papa.* »

La grand-mère (Mamou) : « *Et celui de Mamou ?* »

Annabel (à la seconde) : « *C'est Papou !* » (le grand-père)

La grand-mère : « *Et celui de Maman ? »*

Annabel, en écartant les mains vers le ciel *:* « *Elle partage Papou avec Mamou.* »

***

Un an plus tard : « *Papa, il a une petite femme et deux p'tites filles mais nous, on va grandir très vite et bientôt Papa il aura trois p'tites femmes.* »

Est-ce une ébauche de la « horde primitive » ?

Le complexe d'Arthur

Il s'agit d'un complexe d'Œdipe nouvelle manière observé au début du XXIe siècle. Son évolution est notablement raccourcie par rapport au complexe d'Œdipe première version, décrit par Sigmund Freud le 15 octobre 1897.

Acte Ier : le stade oral

Dans une pâtisserie

Arthur, sa mère, une vendeuse.

Arthur accompagne sa mère chez le pâtissier. Elle choisit, parmi les gâteaux, une religieuse dodue. Arthur demande si cette religieuse a une religion. La vendeuse reste sans voix.

ARTHUR. – Je vais la décapiter et je lui mange l'intérieur.

Acte II : Explosion du complexe d'Arthur

Dans la chambre des parents, la nuit. Arthur rejoint ses parents et s'installe dans leur lit.

ARTHUR. – Tu es ma femme.

Son père (*rectifie avec douceur et fermeté*). – C'est ta mère et c'est ma femme.

ARTHUR. – C'est ma mère et c'est ma femme aussi.

Acte III : L'ambiguïté des sentiments à l'égard du père

Dans la chambre des parents, la nuit.

Arthur rejoint ses parents et s'installe dans leur lit entre les deux.

ARTHUR. – Maman je t'aime.

LA MÈRE. – Moi aussi je t'aime, etc.

LE PÈRE (*interrompt le dialogue amoureux et demande avec fermeté et douceur à Arthur*). – Et moi tu m'aimes ?

Silence et longue réflexion d'Arthur : « J'peux pas dire non. »

Acte IV : Cruel renoncement

Dans la chambre des parents, la nuit.

Arthur rejoint ses parents et s'installe dans leur lit. Il fait à sa mère une nouvelle déclaration d'amour, où il lui redit qu'elle est sa femme.

LE PÈRE (*rectifie avec douceur*). – Souviens-toi, le jour du mariage (Arthur avait alors 3 ans), j'ai donné une alliance à Maman et moi aussi j'ai eu une alliance.

ARTHUR (*regarde rêveusement sa main*). – J'ai perdu mon alliance…

Acte V : Début d'identification au père

Sur une île, l'été, au bord de la mer.

Petite dispute entre les parents.

ARTHUR (*à son père*). – Elle est méchante, ta mariée !

Rideau

Le complexe
d'un théologien minuscule

Arthur, 4 ans, demande un jour à sa mère : « Comment on fait pour prier Dieu ? » Apprendre à pratiquer des gestes millénaires, il faut les avoir vus pour savoir les refaire.

Quelques jours plus tard : « *Est-ce que Dieu existe encore ?* » Ce dernier mot résume à lui seul cent cinquante ans de réflexion philosophique concernant la mort de Dieu (Nietzsche et bien d'autres). Doute de première enfance, graine de froment compact.

Une autre fois, il demandera : « *Comment Dieu a fait pour se créer lui-même ?* » Arthur remonte ainsi vers l'origine du monde. Question clé, question-clou.

***

Matin d'été. Arthur est assis à la terrasse d'une maison de vacances. Il laisse passer la lumière du soleil à travers ses petits doigts, qui en deviennent translucides et roses. Il se demande à haute voix : « *Est-ce que ma main existe ?* » De fait, elle est presque transparente.

Il redécouvre ainsi le *Traité des principes de la connaissance* (1710) du pasteur théologien irlandais George Berkeley. Dans ce savant ouvrage, l'auteur avait mis en doute l'existence du monde qu'il réduisait à n'être peut-être que sa seule pensée.

Le plus étonnant n'est pas la précocité apparente de cet enfant du XXIe siècle mais le piétinement séculaire de la théologie sur le même territoire de réflexion.

* * *

Quels que soient leur âge, leur nation, leur époque, leurs connaissances, les êtres humains semblent avoir un goût prononcé pour les questions sans réponse, qui se trouvent épuisées dès l'instant qu'on les pose.

INTERMÈDE

MOTS D'ENFANTS RECUEILLIS DE TROIS À DOUZE ANS

Période de l'Œdipe et période de latence

Ce sont les propos de deux jumeaux (garçon et fille). Leurs paroles furent notées au vol, par des grands-parents… très bon public, au jour le jour, pendant :

- **la période « du complexe d'Œdipe »** qui court de 3-4 ans jusqu'à 6 ans environ : c'est le moment de la perte des dents de lait selon les Africains ;

- **la période dite « de latence »** qui va jusqu'à l'adolescence.

Nous vous prions de pardonner la verdeur de certains propos. C'est un récit véridique, qui perdrait toute valeur de témoignage s'il était l'objet d'une atténuation de politesse.

* * *

À 3 ans

Toilette intime de la jumelle. Le garçon découvre : « *Elle a un trou !* »

La maman lui explique que toutes les petites filles en ont un et que c'est aussi joli qu'un zizi. Il n'est pas convaincu. À sa sœur : « *T'en fais pas, ça va se réparer !* »

* * *

Le garçon à sa grand-mère : « *Tu te rappelles quand j'étais petit ?*

– Oui.

– On était dans le ventre de Maman. On fermait la porte. Et j'étais très content. »

* * *

À 4 ans

Le jumeau : « *Je veux* **re-entrer** *dans le ventre de Maman.* »

La jumelle, puriste : « *On ne dit pas ré-entrer, on dit* **retourner.** »

* * *

À 5 ans

La jumelle est insupportable depuis plusieurs jours.

Sa mère : « *Pourquoi es-tu comme ça ? Si tu as des problèmes, il faut le dire à Maman.*

– Oui, c'est parce que tu es plus belle que moi… »

Autre réponse dans le même contexte de *soirée à caprices* : « *C'est parce qu'il y a des petits singes qui m'agitent ! »*

* * *

Le garçon appelle sa mère. Il est tout nu : « *Viens voir mon zizi. Il est grand, hein ? »*

Il est en effet en expansion maximale. Sa mère le félicite sur la taille de l'objet.

« *Maintenant j'ai un os, avant je n'en avais pas. »*

* * *

La jumelle redemande à sa mère qui est sortie en premier de son ventre. On lui dit que c'est elle. Très satisfaite : « *Évidemment, les femmes d'abord ! »*

* * *

À 6 ans

La jumelle parle de drogue.

Sa grand-mère étonnée : « *C'est quoi ? »*

Elle : « *Un poison terrible : ça transforme les hommes en cochon. C'est comme Circé avec Ulysse*[1] *! »*

---

1. Magicienne dans *L'Odyssée*. Grâce à un philtre, elle transforme Ulysse, échoué dans son île, en pourceau. Ulysse parvient grâce à un autre philtre à reprendre une forme humaine.

Elle s'intéresse à la « *Milotogie* » grecque.

***

À 7 ans

Sa mère vient d'être admise au concours de la magis-trature. Elle explique qu'elle aura à travailler avec un autre magistrat qui va l'accompagner dans sa nouvelle activité.

Lui, un peu inquiet : « *Est-ce que chez les magistrats il y a du harcèlement sexuel ?* »

***

À 9 ans

Le jumeau : « *Moi, mon rêve, c'est l'amour ! Si je meurs avant d'avoir connu ça !!!* »

***

À 11 ans

Dialogue entre les jumeaux.

ELLE. – *Je t'ai vu tout le temps que tu as fait pipi. Des fois, il est courbe, des fois il est droit.*

LUI *fièrement.* – *Il s'appelle Jackson !*

ELLE *en colère.* – *Eh ! tu crois que ma vulve n'a pas de nom ! Elle s'appelle Chanterelle, mais elle n'aime pas ça. Alors des fois, je l'appelle Béatrice.*

***

À 12 ans un coup d'État

Le mari de sa mère rentre d'un voyage de travail. Il s'est absenté pendant huit jours.

LE JUMEAU – *T'inquiètes, j'ai pris le pouvoir !*

LUI – *Et tu me le rendras ?*

LE JUMEAU – *On verra !*

* * *

Les deux jumeaux ont à présent près de dix-huit ans. Ils sont tous les deux d'une pudeur extrême. On ne parle guère avec eux de « ces choses-là ». Quel contraste avec la liberté de langage de l'enfance, qui fut recueillie sans commentaire, avec bienveillance, et sans répression !

Si des adultes « *à l'ancienne* » les avaient sottement sanctionnés en projetant sur eux leurs inquiétudes ou, pire encore, leurs propres fantasmes : quelle erreur ! quels dégâts !

Troisième partie

Lexique miniature[1]

- Psychosomatique
- Anorexie mentale
- Pertes de mémoire
- Maladie d'Alzheimer
- Dépression
- Déprime
- Fatigue
- Lapsus
- Freudien (c'est)
- Possessif
- Spasmophilie une maladie en voie de disparition ?
- Hystérie
- Régression de l'enfance au grand âge
- Craquer, craquant ou les fractures de l'âme
- Nerfs (les) dans les proverbes et la langue populaire
- Nerveux

---

1. L'ordre des mots suit une logique thématique. Nous les avons choisis parmi les plus usuels dans la réflexion et le discours populaires, exprimés par nos patients.

- Neurasthénie
- Sexuel, sexe, sexualité

Ce petit lexique se limite à seize mots, tous très utilisés dans le langage quotidien.

Six se rattachent à Freud de façon directe : ils font partie de son vocabulaire et de sa pensée :

- psychosomatique : il l'a inventée !
- lapsus : il les a découverts !
- freudien (évidemment…) ;
- hystérie, après son passage chez le professeur Charcot ;
- le trio nerfs-nerveux-neurasthénie ;
- le trio sexe-sexuel-sexualité : il ouvre la *boîte de Pandore*.

Dix ne figurent pas dans le *Dictionnaire de la psychanalyse* d'Élisabeth Roudinesco (2e éd., 2000), exhaustif en la matière :

- anorexie mentale ;
- pertes de mémoire ;
- maladie d'Alzheimer ;
- dépression ;
- déprime ;
- fatigue ;
- possessif ;
- spasmophilie ;
- régression ;
- craquer, craquant.

Ce lexique élémentaire navigue entre deux eaux : celle du **langage populaire** spontané et celle des **mots de la psychanalyse**.

Mais en réalité tous ces termes ont été ensemencés par la pensée de Freud et se sont nourris de ses découvertes.

C'est dans cette synthèse perpétuelle entre le « *populaire* » et le « *savant* » que ce qui est « *psy* » s'est élaboré, avant Freud et après Freud.

Freud n'a rien inventé mais il a tout redécouvert et exploité souverainement.

Psychosomatique

Le problème des rapports entre l'âme (« psyché ») et le corps (« soma ») est aussi vieux que la philosophie. Pourtant le mot *psychosomatique* n'est apparu qu'en 1904. Les médecins psychosomaticiens n'ont commencé à proposer leurs services qu'après la Seconde Guerre mondiale. La création du verbe *somatiser* ne date que de 1967.

Il n'existe pas de définition freudienne de la *psychosomatique*. Le terme ne figure pas dans le *Vocabulaire de la psychanalyse* de Laplanche et Pontalis (1976). Il n'attire que quinze lignes dans l'important *Dictionnaire de la psychanalyse* d'Élisabeth Roudinesco (2000).

Il est difficile de comprendre les raisons de cet oubli : la psychosomatique est pourtant largement issue des travaux de la psychanalyse. L'une et l'autre ont modifié la manière d'aborder les patients.

Freud avait posé un premier jalon en décrivant la *fuite dans la maladie*, terme devenu courant. Il y voyait surtout une *fuite dans la névrose* : c'était du *psychique* fabriquant du *psychique*.

169

Pour beaucoup de nos contemporains, le sens s'est considérablement élargi. *Fuir dans la maladie* signifie plutôt transférer et fixer sur un organe les souffrances morales infligées par la vie : par exemple, la transplantation en France de travailleurs migrants a coïncidé chez certains d'entre eux avec l'apparition d'un ulcère du duodénum.

Les mécanismes de cette *somatisation* restent mystérieux, mais elle est clairement identifiée. On sent, on sait, on dit que le **corps est langage**.

C'est une ancienne fonctionnaire du ministère de la Santé : « *Je vous dis que c'est de la tension nerveuse. Vous me dites artérielle. Nerveuse et artérielle : ça fait deux !* » Pour elle le *nerveux* c'est l'insaisissable. Du coup ses artères ne sont pas concernées.

Un vieux monsieur de 85 ans : « *Je pisse comme parlent les bègues.* » Il fait de son flux d'urines tout un discours.

Beaucoup de gens connaissent la composante « psychique » de nombreuses maladies « organiques », parmi lesquelles la migraine, l'asthme, l'anorexie mentale de la jeune fille. La colite chronique est dite « fonctionnelle » lorsque la coloscopie s'avère normale, ce qui permet au médecin de penser de son patient qu'il est aussi un « fonctionnel », étiquette en vérité peu flatteuse. La peau parle également : eczéma, pelade, psoriasis, vitiligo évoluent par poussées, qui coïncident souvent avec des *épreuves.*

Lorsque la maladie psychosomatique surgit à la suite d'un choc moral : souci violent, séparation, divorce, mort d'un proche, le lien de causalité entre choc et maladie est aussitôt aperçu, aussitôt affirmé quelquefois imprudemment.

Une femme octogénaire nous dira : « *Je fais du cholestérol mais je ne m'inquiète pas, j'en fais toujours quand j'ai des soucis.* » Pour démontrer ce lien de cause à effet, il faudrait beaucoup de science et une longue étude. Mais peu importe ! L'explication lui convient.

Si le patient ne se plaint que de douleurs vagues ou errantes, sans avoir ni *mauvaise mine*, ni d'autres signes visibles, et sans aucune anomalie de laboratoire, les malveillants finiront par hocher la tête. Ils diront : « *Il somatise beaucoup.* » Ou à l'exemple de Freud : « *Il s'est réfugié dans la maladie.* » Plus méchamment : « *Ça l'arrange.* » On répugne à admettre un simple mal de vivre. On voudrait ardemment que la personne qui en souffre parvienne à s'en libérer. Mais elle trouve parfois dans son entourage quelque complice pour partager avec elle ce qu'on appelle les bénéfices secondaires.

* * *

À l'inverse il existe des gens que l'on appelle *hypocondriaques*. Le modèle en est le malade imaginaire de Molière dont la constipation rebelle se situe au premier plan des symptômes et résume presque la maladie.

Tous les malades précédents répondaient à ce vers de Victor Hugo : « *Quand notre âme en rêvant descend dans nos entrailles.* » À l'inverse on pourrait dire en pastichant le poète : « *Quand nos entrailles enfin viennent tourmenter l'âme* » et c'est le cas du malade imaginaire !

Ce n'est plus du *psychosomatique*, c'est du *somatopsychique*[1].

---

1. Ce terme n'apparaît que soixante ans après psychosomatique ! Délai significatif…

Dans le va-et-vient perpétuel qui court entre l'âme et le corps, il est bien difficile de répondre à la question : *qui a commencé ?*

***

Naguère, les maladies du corps et de l'esprit se trouvaient strictement séparées. On disait : « *C'est sérieux* », ou bien : « *C'est dans la tête.* » Freud en incitant à mêler sciences humaines et sciences exactes, esprit de finesse et esprit de géométrie, sens commun et vocabulaire nouveau, a permis de réaliser une fusion à haute température entre les deux univers séparés.

La nymphe *Psyché,* séduisante et énigmatique a rencontré le dieu *Soma.* Et ils ont eu beaucoup d'enfants.

ANOREXIE MENTALE

Le mot *anorexie* apparaît à la fin du XVIe siècle, venant du grec et du latin où il signifiait *« sans appétit et sans désir »*. Ces deux significations complémentaires indiquaient, dès l'origine, la double composante physique et mentale de la maladie.

L'anorexie est longtemps demeurée dans un angle mort de la médecine. Ce sont les psychiatres qui, au XIXe siècle, la décèlent et la décrivent, en l'appelant *« mentale »* (1833) ou *« hystérique »* (1873).

Autrefois, l'anorexie apparaissait souvent pendant la grossesse, accompagnant les vomissements. Ceux-ci sont devenus fort rares, tel est le constat des médecins aujourd'hui. En passant d'une gestation non désirée à une maternité librement consentie, la jeune femme a vu presque s'effacer la nausée que lui donnait le constat d'être *« tombée enceinte »* malgré elle, et d'avoir à le rester. Le vomissement et la maigreur de cette femme exprimaient à coup sûr un refus : *« Je n'en veux pas »* (surtout s'il était le cinquième !).

Mais ce vomissement-là se tarissait toujours, et souvent bien avant l'accouchement, grâce à l'affirmation progressive du sentiment maternel durant les neuf mois.

Il n'y a pas de femme enceinte éternelle alors que chacun de nous a pu croiser sur son chemin l'ombre fugitive et charmante d'une adolescente éternelle.

La jeune anorexique mentale, qu'elle soit à peine sortie de l'enfance ou déjà une jeune adulte, se situe dans un univers mental très différent de celui de la grossesse. Elle vomit « *tout ce qu'elle peut* », elle se vomit tout entière et voudrait le faire à tout jamais : elle ne s'accepte pas. Elle « *rend* », elle « *restitue* » (mais à qui ?) tout ce qu'elle a avalé d'impur dans son être : car la nourriture est ressentie comme impure ; impurs aussi les jeunes boyaux qui la contiennent.

Par l'effet d'une dénutrition extrême (parfois aussi sévère que celle des camps), elle se réduit à l'état de « *petit squelette* » et se trouve encore « *trop grosse* ». Elle a découvert de se faire vomir, pour devenir semblable à la silhouette dont elle rêve, conforme à celle des publicités de magazines et de certains sites Internet. La maigreur extrême est un rempart contre la dépression.

Cette jeune fille parvient à briser la pendule de son cycle hormonal, ce rythme qui lui rappelait tous les vingt-huit jours sa condition de femme. L'arrêt des règles lui semble suspendre le cours du temps. Si elle le pouvait, la jeune anorexique remonterait le fil des heures jusqu'à rejoindre l'ovule initial par lequel elle fusionnait jadis avec sa mère.

Au terme de cet imaginaire retour, elle a pu retrouver le vomissement de la femme enceinte qu'elle voudrait faire sien pour toujours.

Son refus de *passer à table* pour se restaurer, la honte qu'elle a de son corps et d'elle-même témoignent d'un chagrin qui ne veut pas finir et qui peut la conduire à la mort, ou à la guérison, (quelquefois fragile), ou bien encore à l'épanouissement que donnent les maternités multiples.

L'esthétique de la maigreur extrême est devenue un problème de société dans la cohorte des jeunes mannequins qui présentent les grandes collections de mode. Les pouvoirs publics ont parfois jugé nécessaire d'intervenir pour calmer ce jeu pervers qui se joue dans les miroirs.

Ces femmes de rêve doivent se rendre presque invisibles pour mieux revêtir les vêtements somptueux d'un soir. Souffrance, maltraitance, détresse, drogue, harcèlement, rien ne doit transparaître dans leur regard de porcelaine.

Pertes de mémoire

Les vieilles personnes sont chagrinées d'avoir des *pertes de mémoire : j'oublie ce que je suis venue chercher dans ma chambre, j'oublie le nom des gens, les numéros de téléphone, j'oublie tout, absolument tout. Il y a dix ans, je n'avais pas besoin d'agenda, tout était dans ma tête.*

Les oublis de plus en plus fréquents apparaissent à cette femme comme une conséquence inéluctable de l'âge. Les jeunes cerveaux sont du gruyère compact. Le temps y découpe des trous. Un jour surgira la question angoissée : « *C'est çà l'Alzheimer ?* » On entend dire : « *Sans mémoire, il n'y a plus personne.* »

À l'inverse, Freud ose affirmer que l'oubli n'existe pas. Il écrit : « *En analysant les traces des souvenirs refoulés, on peut constater que la durée ne leur imprime aucun change-ment. L'inconscient se trouve, d'une façon générale, en dehors du temps.* » Il parlait sans doute de personnes jeunes, ou encore jeunes. C'était son expérience.

Si l'on pouvait rendre à l'inconscient du grand âge sa vraie place, qui est sans doute immense, le présent immédiat est à peine entrevu, le plus ancien passé se prolonge au présent et déborde constamment sur la conscience claire : la perspective se trouve écrasée.

Ce que la personne âgée efface à chaque instant de sa mémoire, ce n'est pas, à l'évidence, des choses qu'elle veut cacher ou se cacher, mais surtout, dans le choix des souvenirs, ceux qui ne l'intéressent plus.

* * *

Selon les Grecs, la mémoire est la mère de toutes les muses. Les personnes atteintes de maladie d'Alzheimer conservent pendant longtemps le souvenir des comptines de leur enfance. Nous gardons le souvenir d'une vieille amie frappée d'aphasie : elle ne disait plus un mot mais retrouvait la voix pour réciter une ou deux fables de La Fontaine : le *par cœur* est la matrice du plus profond langage.

* * *

Les bonheurs anciens forment dans le ciel intérieur une constellation brillante dont le regard ne se détache jamais. Qu'un deuil atroce survienne, aussi tardif soit-il dans le cours de la vie, il viendra raviver la flamme des souvenirs heureux et marquera le survivant comme au fer rouge : preuve qu'à tout âge on peut encore imprimer de l'inoubliable.

Maladie d'Alzheimer

Des pertes de mémoire très particulières

Naguère on disait : « *Il est gaga* » : tout le monde riait. Aujourd'hui : « *Il a une maladie d'Alzheimer* » : tout le monde pleure. Pourquoi cette différence ? Elle s'explique par l'évolution galopante de la médecine et des mentalités. Aloïs Alzheimer (1867-1917) a décrit sa maladie il y a un siècle environ. Son nom n'est entré dans le langage courant que durant les années 1980. Entre-temps la longévité moyenne s'allongeait d'une vingtaine d'années. C'est une première explication.

Dès lors la manière d'appréhender le drame du grand âge a profondément changé en l'espace de deux générations : on est passé de la désinvolture à la crainte.

« *Gaga* » était cruel mais « logique » lorsqu'on mourait à soixante ans. Ce terme exprimait un rejet moqueur du vieillard invalide. C'était l'époque des agonies brèves. On ne réanimait personne, pour la simple raison que les Services de réanimation n'existaient pas.

La *maladie d'Alzheimer,* qui apparaît le plus souvent après soixante ans, a une signification médicale très précise. Les neurologues et les gériatres en posent le diagnostic aisément en interrogeant les patients et en les adressant à une consultation mémoire.

Le déficit de la mémoire peut devenir très profond. Il concerne la perte de la mémoire à court terme et à long terme associé à une perte de la pensée abstraite et du jugement. L'évaluation des troubles se fait à l'aide de tests précis et bien codifiés.

La maladie correspond à des **lésions caractéristiques** situées dans le cortex cérébral, siège de la pensée.

Le trouble peut devenir si profond que le patient ne reconnaît plus ni sa maison, ni son conjoint, ni ses enfants.

Chose essentielle à ne point oublier : la dépression peut simuler une maladie d'Alzheimer débutante et lui être associée dans environ 20 % des cas.

* * *

« *Gaga* » : c'était flou. « *Maladie d'Alzheimer* », c'est tout aussi flou dans l'esprit des profanes, mais pour des raisons de société, ce terme a conquis le public et représente abusivement tous les aspects possibles du vieillissement cérébral. Un seul mot qu'on ne retrouve pas ? Un petit *trou de mémoire ?* Aussitôt : « *Ça y est, c'est mon Alzheimer qui commence !* »

Rassurez-vous, âmes inquiètes, les personnes frappées par une maladie d'Alzheimer ne connaissent plus le mot *Alzheimer*.

* * *

Une agressivité récente de la grand-mère qui déroute sa petite-fille, une tendance dépressive qu'elle n'avait jamais eue, un renfermement en elle-même et dans son logis, une dépendance vite accrue : tels sont parmi d'autres, les signes d'alarme pour un entourage qui est de plus en plus averti. Bien avant que n'apparaisse cette démence par laquelle on oublie jusqu'au prénom de ses proches…

* * *

En fait, il existe d'autres formes graves de sénescence cérébrale, et l'Alzheimer frappe aussi des êtres plus jeunes, mais un grand bien a résulté de ce mélange de genres : il a hâté la réflexion de tous sur le vieillissement de la société et sur la nécessité d'y faire face. C'est cette situation nouvelle que le maître mot résume.

Alchimie mystérieuse des syllabes dures *(al-zhei-mer)*, par la disgrâce de la nouvelle appellation contrôlée, les générations viennent s'emboutir, dans le même fantasme les unes dans les autres, comme wagons libérés d'un train en folie : ce grand-père ratatiné, plissé comme un accordéon dans son fauteuil, c'est déjà vous, jeune homme !

« *Gaga* » valait-il mieux ?

* * *

181

Aujourd'hui comme hier, la personne très âgée continue d'inspirer la peur. Mais la vieillesse n'est plus l'usure prévue du corps et de l'esprit.

Jadis Montaigne avait, dès l'âge de cinquante ans, souligné la sourdine du vieillissement : « *C'est une puissante maladie, et qui s'écoule naturellement et imperceptiblement* » ou bien encore : « *Ni je plains le passé, ni je crains l'avenir [...] J'en ai vu l'herbe et les fleurs et le fruit ; et en vois la sécheresse.* » Cette paisible sagesse a quasiment disparu.

La vieillesse est devenue à elle seule une maladie, émaillée d'une cascade d'accidents que les progrès de la médecine permettent le plus souvent de rattraper. On n'était pas loin de croire qu'on pouvait prolonger indéfiniment la vie. On y croit presque. On réalise avec effroi les problèmes matériels, affectifs, économiques et sociaux que pose le brutal renversement de la pyramide des âges. Chacun sait désormais qu'il y aura de moins en moins de jeunes et davantage de vieux. On est entré dans le temps des agonies lentes.

* * *

Les personnes les plus dévouées dans une famille (ce sont les femmes presque toujours) apprennent à leurs dépens comment aider efficacement les vieilles gens qui perdent la raison. Il faut **donner** : de son temps, de son argent si possible, de sa force vive. La médecine et l'ensemble des soins s'organisent en réseau. Et ça ne fait que commencer. Et ce sera très difficile.

Les familles se trouvent, tôt ou tard, directement concernées. Deux séries de sentiments opposés s'affrontent, parfois chez la même personne : d'un côté indifférence, fuite, abandon ; de l'autre esprit de responsabilité, présence, accompagnement. Toute visite, tout signal, un simple coup de téléphone, toute marque d'intérêt sont des *stimuli,* au sens neurologique de ce terme.

* * *

Espoir, quand tu nous tiens !

Les médicaments actuels (neuromédiateurs) ont une action modeste. L'espoir porte, sur un nouveau bouleversement de la médecine, dans trois directions :

- mise au point d'un vaccin anti-Alzheimer efficace et bien toléré ;

- destruction ciblée des grosses molécules très particulières qui s'accumulent dans le cerveau et créent la maladie ;

- utilisation de cellules souches dormantes déjà situées dans une « pouponnière » naturelle au centre du cerveau. Convenablement transformées, elles iraient réparer les régions lésées.

Selon une formule de plus en plus actuelle : il faudrait donner plus de vie aux années sans donner forcément plus d'années à la vie.

Plus le diagnostic sera précoce, plus les traitements auront une chance d'être efficaces.

183

DÉPRESSION

Devant une lassitude visible et qui se prolonge, on a vite fait de dire : « *Il fait de la dépression.* »

Non pas *une* dépression, mais *de la* dépression. Ce n'est pas une maladie banale, c'est une chose étrange venue se coller à la personne, comme des moules sur un rocher.

Pour les psychiatres, la dépression se définit par un ensemble de signes précis :

- une inhibition intense de l'activité : « *Je ne suis plus bon à rien* » ;

- une lassitude profonde, qui prédomine le matin : « *Je n'ai plus qu'une envie : rester au lit* » ;

- une indifférence aux autres, venant aggraver le sentiment de culpabilité : « *J'ai l'impression de ne plus aimer mes enfants, je ne les supporte plus* » ;

- un sentiment de dévalorisation intense : « *Je suis nul.* » Cette perte de l'estime de soi est si douloureuse à vivre qu'elle se trouve rarement exprimée.

Quand on demande à l'entourage de définir la dépression, il est fait mention de souffrances qui, très souvent, l'accompagnent, mais elles existent habituellement à titre isolé : *coup de pompe, angoisse, anxiété, insomnie.*

Mots démonétisés, bons à tout, bons à rien. En réalité, mots très utiles : ils découpent la réalité mentale, la fragmentent en menus morceaux, aident à dédramatiser la vie quotidienne.

***

Malgré les discours rassurants qu'ils prononcent, beaucoup de gens savent à quel point le déprimé est possédé par son mal. Il vit dans un régime totalitaire, sur le mode du **tout** et **rien** *:* « *On voit **tout** en noir, on n'a plus goût à **rien*** » (jeune infirmière).

Le risque de suicide est également pressenti, parfois de manière rétrospective : « *On dit de quelqu'un qui se suicide qu'il a fait de la dépression* » (un agriculteur).

La dépression se pelotonne dans un lieu bas situé, un ravin plein de ronces, et la tête y roule : « *Il est perdu, il n'a plus ses repères, il est au 36ᵉ dessous* » (l'infirmière). En latin *deprimere* signifiait « enfoncer ».

Les profanes expliquent souvent la dépression par un déficit d'énergie : « *C'est une chute de l'influx nerveux* » (l'agriculteur). « *Des batteries très faibles et qui déchargent très facilement* » (une femme jeune). « *C'est tous les coups qu'on supporte qui font que l'énergie va vers la dégradation* » (étudiante).

***

La théorie énergétique s'est trouvée singulièrement confirmée par le traitement « chimique » de la dépression. Les médicaments anti-dépresseurs permettent une accumulation de neuromédiateurs toniques au niveau des synapses nerveuses. Ils restaurent ainsi, après un certain délai, la capacité de *réaction* de l'individu.

Une fois la guérison établie, on réduit progressivement la dose du médicament et on l'arrête ensuite sous une surveillance médicale régulière. Reste à savoir comment et quand l'arrêter, et décider parfois que le traitement doit être très longuement poursuivi.

Les psychiatres opposent la dépression directement liée à la personnalité du sujet et la dépression réactionnelle aux chocs occasionnels de l'existence, plus passagère, dit-on, si tant est qu'on parvienne à bien les distinguer. Cette division en deux catégories apparaît en filigrane dans certains discours populaires : « *Ça dépend du caractère de l'individu à la base, fort, faible, ce qui entraîne qu'il s'en sorte plus ou moins vite* » (homme artiste).

* * *

Deux termes psychiatriques, *neurasthénie*, mot créé en 1868 aux États-Unis, et *mélancolie* qui remonte à l'Antiquité grecque, courent dans le langage et encadrent le concept de dépression. La *neurasthénie* est jugée moins grave. La *mélancolie*, classée comme gravissime par les psychiatres, n'a pas cette signification péjorative dans le public : on pense souvent que c'est un simple *spleen*, du *vague à l'âme*, du *cafard*.

La dépression, la vraie, est souvent prise à la légère par l'entourage : « *N'y pense pas ! Ne te laisse pas aller ! Il faut prendre sur soi !* » tels sont les lieux communs de l'encouragement quotidien. Dans bien des cas, ils peuvent suffire à surmonter l'épreuve[1].

Mais quand les *bonnes paroles* n'agissent plus, quand le courage de la victime s'épuise à vaincre son mal, il faut recourir aux antidépresseurs. Le premier d'entre eux, le Tofranil, a été commercialisé en 1959. Les *tranquillisants* ont une ancienneté comparable. Mais eux sont bien connus dans le public et réclamés par les patients. « *Pour l'aider à s'en sortir, il faut lui donner des* **euphorisants** *pour éviter des catastrophes, comme le suicide* », dit cette infirmière qui désigne ainsi les tranquillisants. Et elle oublie de citer les vrais médicaments de la dépression !

*   *   *

Les antidépresseurs sont redoutés, souvent longtemps refusés, et leur efficacité reste méconnue. Au sens fort du mot, ils sont considérés comme des *drogues*. Et pourtant ils entraînent une moindre dépendance à long terme que les *tranquillisants*.

Ignorance relative du public, répugnance résiduelle des médecins à prescrire sont les raisons du retard à traiter.

---

1. On parle parfois de « dépression cachée » chez une personne âgée qui sombre dans le gâtisme. On parle moins de toutes les dépressions que l'entourage et le sujet se refusent à voir : ça va passer.

Il y a peut-être dans cette loi du silence et de l'abstention comme un souvenir cruel de l'antique Fatalité : pour les Grecs, la mélancolie (forme extrême de la dépression) frappait l'homme avec la brutalité de la foudre. On ne connaissait alors ni le paratonnerre, ni les antidépresseurs.

On ne connaissait pas non plus le soutien psychologique indispensable que donnent toutes les formes modernes et sérieuses de psychothérapie : traitement par les comprimés et traitement par la parole sont les deux jambes qui conduisent à la guérison. Il faut éviter de marcher à cloche pied.

Déprime

Mot rival de *dépression*. On constate une éclipse progressive de *dépression* au profit de *déprime*. Le mot se prononce avec un fort accent tonique terminal.

Mot bref, parallèle, populaire, il a quelque mal à se positionner. Il aide habituellement à *dédramatiser* la situation. La dépression est reconnue habituellement comme un accident sérieux. Déprime décrit un état jugé moins inquiétant. On dit « *grosse* dépression », mais on dit « *petite* déprime ».

La dépression est ressentie souvent comme cyclique, bien qu'elle ne le soit pas toujours. La déprime, fût-elle légère, semble s'installer dans la durée : c'est une *manière d'être*, un *état d'âme*. On subit la première, comme une rafale de vent et de pluie ; on se laisse aller à la seconde, par inclination personnelle.

***

Dépression figure dans le sérail des expressions savantes ou semi-précieuses : on peut dire *dépression nerveuse*, on ne dira jamais *déprime nerveuse*.

Dépression, marque parfois la distinction sociale : « *La déprime, ça fait* **vulgaire***, je ne dis jamais ça ; je dis une personne est fatiguée, elle est déprimée, mais la déprime : jamais !* » (femme, âgée, ancienne démonstratrice dans un grand magasin parisien).

Certaines personnes, confondent volontairement les deux termes : « *La déprime, c'est l'état, la dépression c'est plutôt une crise… Non,* **c'est la même chose !** » (femme, 79 ans, ancienne traductrice technique en anglais).

Il se forme depuis quelque temps un « concept repoussoir » unissant *dépression* et *déprime*, hérissé de sens divers. Il subit une vive attaque : « *Déprimé, c'est la déprime, c'est la galère, le flip, c'est une catégorie de mots passe-partout, employés jusqu'à 30 ans. Après on se calme. Il y a une période où tout le monde était déprimé, mais ça a été une mode* » (un jeune cinéaste). Autre écho défavorable : « *On a l'impression que certaines catégories de gens se valorisent d'avoir fait une déprime, alors qu'ils ont eu un simple passage à vide, on en parle à tort et à travers à mon avis* » (infirmière).

* * *

En guise de conclusion

Certains mots naissent et disparaissent en peu de temps, ils ont un destin d'étoiles filantes.

D'autres persistent indéfiniment, comme autant de galets au bord de la mer, insensiblement remodelés par des millions de bouches. *Dépression*, vieux terme de psychiatrie, et *déprime*, mot populaire récent, appartiennent à la deuxième catégorie. Ils sont pleins de vitalité.

Dépression est néanmoins, depuis plusieurs années, l'objet d'une OPA de la part de *déprime*, qui l'investit, l'amenuise et cherche à le digérer. Les deux mots se remplacent aisément l'un l'autre au hasard des phrases, en décrivant pourtant des situations affectives assez dissemblables, toutes deux de grande actualité, mais ressenties différemment selon les milieux sociaux, le niveau culturel, et la personne dont il est question. On ne peut prévoir à l'avance l'issue de ce combat singulier, du moins tel qu'il se déroule dans les conversations quotidiennes

Les mots ont un sort imprévisible, même s'ils sont actuellement très utilisés. L'esprit d'imitation les répand. L'effet de mode en assure le succès. Leur convenance les maintient dans la course. *Dépression* et *déprime* disputent ensemble le marathon, *déprime* prend l'avantage.

FATIGUE

Le mot fatigue est la manière la plus simple et la plus directe de dire : *déprime, neurasthénie, psychasthénie, spasmophilie.*

Jusqu'au milieu du XIXe siècle, la fatigue dont parlent les proverbes est celle des paysans. Ils représentaient alors la grande majorité de ceux qui travaillaient en France. L'animal de la ferme était choisi pour la comparaison : « *Au cheval fourbu la crinière est un fardeau.* » Et cette fatigue physique peut être aussi le signe d'une maladie grave.

De l'autre fatigue, celle de l'esprit, la nôtre, il n'est guère fait mention avant l'ère industrielle.

L'épuisement moral des temps modernes semble prendre lentement naissance dans les usines, les villes immenses, les cités-dortoirs, à des périodes différentes selon le pays considéré. La fatigue était jadis une maladie du corps soutenue par l'âme. Elle est devenue une maladie de l'âme chevillée au corps : celle des ouvriers, des employés, des cadres, des petits patrons, des intellectuels et des fainéants : bref tout le monde est concerné.

* * *

Dans le récit du professeur Édouard Brissaud, médecin de la Salpêtrière, les gens qui se plaignaient de fatigue vers les années 1880 s'exprimaient ainsi : « *Je suis abraté* » (équivalent contemporain : « *J'ai les bras coupés* »), « *écuissé* » (de nos jours : « les jambes coupées »), « *éreiné* », (désormais : « éreinté ») ou bien encore « *esquinté* » qui est encore en usage (du provençal : *esquina*, le dos). C'étaient des muscles qui travaillaient dix à douze heures par jour, six jours par semaine ! Travail de force, travail de forçat.

C'est bien dans le dos que se concentre aujourd'hui la fatigue, mais elle s'est en quelque sorte spiritualisée. *En avoir plein le dos* annonce une humeur intolérante : « *Je ne supporte plus rien.* »

La fatigue morale fait aussi mouvement vers le haut : « *J'en ai par-dessus la tête* », ou vers le cou : « *Ce sont mes cervicales* » ou bien encore dans les pieds : « *J'en ai plein les bottes.* » Tout l'axe médian du corps se trouve ainsi concerné.

Et quand on est complètement épuisé, la fatigue devient, de nos jours, *générale,* située nulle part et partout : « *Je me traîne lamentablement comme une mouche en octobre* », dit cette jeune employée.

* * *

Souvent les expressions modernes ne désignent plus directement le corps mais la voiture automobile. On dit plutôt : « *Je suis vidé, crevé, claqué, pompé, à plat, raplapla* » : c'est l'image incongrue d'un pneu qui se vide. À l'inverse, l'énergie s'exprime par l'image d'un pneu rebondi. Le comble du culot : « *Il est drôlement gonflé.* » L'idéal de l'être humain : *devenir increvable.*

* * *

André Gide a écrit : « *La tristesse n'est jamais chez moi qu'une forme de la fatigue.* » On peut, en guise de conclusion, retourner la phrase et dire : « *La fatigue est très souvent une forme de la tristesse.* »

LAPSUS

Avant Freud, les lapsus étaient probablement à peine entendus par le commun des mortels. C'étaient des ratés insignifiants de la mécanique des langues. Les bavards d'autrefois parlaient peut-être plus lentement qu'aujourd'hui et le lapsus s'arrêtait alors à la porte des lèvres.

Depuis Freud ces scories du discours ont pris du sens. Un bon nombre de gens, semble-t-il, les attrapent au passage. Dès lors, c'est un progrès dans le déchiffrement des mystères d'autrui.

Si vous dites un prénom pour un autre, c'est qu'ils ont pour vous une certaine identité symbolique (sans qu'il y ait pour autant confusion des personnes). Ou bien les deux prénoms se trouvent connectés dans le même réseau électrique de vos sentiments ou de vos passions.

Pour l'observateur attentif, seul le lapsus est *significatif*. Le mot de rattrapage importe peu. Et le reste de la phrase se trouve annulé par la version souterraine du discours entendu. Une fois saisi, retaillé, aiguisé, votre lapsus peut devenir une arme de guerre retournée contre vous : « *Tu as dit quoi ? tiens, tiens !* »

La bouche d'ombre a parlé : « *C'est freudien !* »

C'EST FREUDIEN

L'expression « *C'est freudien !* » annonce que l'inconscient existe et qu'il est en train d'affleurer dans la conversation. Celui qui parle est supposé révéler plus de secrets qu'il ne l'aurait voulu. Ce n'est pas toujours exact, mais c'est presque toujours flatteur.

On vous invite à en dire davantage. À vous *déboutonner*. On aimerait connaître votre vie, vos sentiments intimes et, si vous le voulez bien, vos amours. Chaque être humain ressemble à une armoire pleine de tiroirs secrets. Comment les situer, en avoir les clés, et si nécessaire en fracturer les serrures ?

C'est alors qu'intervient un freudisme de pacotille qui cherche à justifier l'éternelle curiosité humaine. Les indiscrets pensent que derrière vos discours se dissimule votre *non-dit* ; derrière votre conscience claire, un *inconscient* délectable ; derrière un *moi* transparent, votre *ça* ténébreux.

Prenez garde, sous un masque doré vénitien, la barbe postiche de Freud se cache et fait illusion.

POSSESSIF

Dans le vaste domaine des sentiments déraisonnables, le terme *possessif* désigne le comportement obstiné d'une personne, homme ou femme (le plus souvent un adulte) qui cherche à en dominer une autre (le plus souvent un enfant ou un adolescent).

Dominer, s'emparer, *influencer*. Il s'agit d'une relation inégale, qu'on voudrait rendre plus inégale encore.

Pour y parvenir on utilisera les voies d'une affection de proximité plutôt que celles d'une tyrannie déclarée.

Paradoxe étrange, sans doute logique dans le monde obscur de *l'inconscient* : certains parents sont à l'égard de leurs enfants, à la fois possessifs et démissionnaires. Autrement dit : abusifs et indifférents.

Ils ne veulent prendre que pour lâcher : semblable à cet *enfant gâté* qui s'empare d'une poupée, joue avec elle un moment, puis la laisse tomber entre les mains d'un autre enfant, et la reprend quelques jours plus tard, pour affirmer une suprématie dérisoire. Prendre, lâcher, reprendre : une telle conduite est un simulacre.

L'ancien droit français utilisait une belle formule pour la récuser : « *donner et retenir ne vaut* ». Les enfants disent, dans leurs jeux : « *Donner c'est donné, repris c'est volé.* »

La véritable possession, égoïste, obstinée, quotidienne, jalouse, « *collante* », est à coup sûr préférable : avec elle, au moins, on sait à quoi s'en tenir.

Spasmophilie
Une maladie en voie
de disparition ?

On disait aussi *spasmo-folie*, par dérision.

C'était une maladie bien connue du public. Un mal féminin de vivre. Une tendance au spasme lors de chaque émotion trop vive. Au centre du corps siège une *boule d'angoisse*, déjà décrite au XVIIIᵉ siècle dans les livres de médecine populaire ; *elle monte et elle descend*, des tripes à l'œsophage, de l'œsophage aux tripes : elle correspond assurément à un spasme bien réel du tube digestif.

Surviennent aussi par crises des *malaises* indéfinissables, avec des angoisses, des sueurs, un évanouissement très bref ; on craint qu'il ne s'agisse d'une vraie perte de connaissance : *on fait des tas d'examens* aux Urgences, tous normaux.

La maladie a été définie en France durant les années d'après-guerre par un séduisant professeur d'endocrinologie parisien. Elle connut un succès d'estime qui s'arrêta aux frontières. Partout ailleurs elle restait méconnue.

* * *

On voulut lui donner une marque savante. On mesura dans le sang le taux de calcium et de magnésium. On les trouva parfois diminués. On en fit un stigmate.

On enregistra sur papier le tremblement des muscles. Ils semblaient vibrer de manière particulière – ce qui a fait proposer un autre nom : *tétanie*, forme plus achevée de la spasmophilie. Mais ce signe pouvait manquer.

Ce diagnostic, tout en demeurant flou paraissait rassurant. C'était la preuve d'une souffrance intime.

* * *

Un certain nombre de signes semblait se regrouper : une pelote d'épingles fourmillait dans les mains, ou autour des lèvres. Ou bien une paupière se mettait à battre : encore un spasme. Si le médecin frappe une joue avec un petit marteau à réflexes, la lèvre tressaute. Mais ces signaux n'étaient pas toujours présents, ou l'étaient de manière incomplète. Si l'on voulait trouver un symptôme stable, c'était celui du *mal partout* accompagné souvent de *fatigue*.

La maladie restait néanmoins insaisissable. Il fallait y rattacher des signes formels. « *Je fais de l'hypoglycémie* », ou bien : « *J'ai de l'hypotension*. » Toujours *hypo* jamais *super*.

* * *

Depuis dix à vingt ans, on a vu cette maladie très progressivement tomber en déshérence : n'était-elle qu'un frisson passager de la vie sociale, bousculant une âme sensible ?

Ce mal particulier témoigne d'une relation très ancienne de certaines femmes avec leur corps. C'est une forme de protestation qui se loge dans les muscles et dans les tripes, de façon diverse selon les époques.

***

La spasmophilie allait resurgir peut-être sous une forme nouvelle, qu'on appela le SPID. Ce joli nom désigne un Syndrome Polyalgique Idiopathique Diffus. Pour l'essentiel on a *mal partout* = « polyalgique diffus », et on ne sait pas très bien pourquoi = « idiopathique ». SPID est un homonyme heureux du mot *speed* en anglais, qui signifie rapide. Il est très utilisé dans la langue populaire. Il provient du langage des *toxicos*.

Dans notre monde halluciné, ça court sur les trottoirs, ça court dans le métro, ça galope partout. Le jour, *on est spidé*, le soir *on est crevé*.

***

Si le médecin accepte de coopérer au diagnostic, il retrouvera à la pression directe un certain nombre de points douloureux qu'il pourra retenir comme caractéristiques. Ils correspondent à des zones d'insertion musculaire sur des os de surface situés immédiatement sous la peau.

On appelle ces douleurs des *fibromyalgies.* Elles gâchent certaines existences et peuvent durer des années.

* * *

Une relation de sympathie subtile s'établit quelquefois entre la personne « spidée » et le praticien qui cherche à *la comprendre.* Enfin un ! Est-ce une rencontre d'affinités ? un début de complicité ?

Signe des temps : une association de malades souffrant de cet ensemble de signes voudrait y voir reconnaître une cause d'invalidité. Jusqu'à présent, des experts nationaux de haute compétence ont répondu par la négative.

* * *

Sophie est une femme de cinquante ans, vive, remuante. Elle est « cadre ». Pendant plusieurs décennies, elle a porté une pancarte autour du cou : JE SUIS SPASMO-PHILE. Mot passe-partout, mot cache-misère, mot désuet. Un des derniers médecins consulté a parlé de *fibromyalgies,* terme désormais plus utilisé.

Elle nous dit : « *Je me définis plus comme dépressive que comme spasmophile. Toutes mes douleurs se sont calmées avec de petites doses d'antidépresseurs. Le magnésium ne m'a jamais rien fait.* » Elle a eu de la chance. Ce n'est pas toujours aussi simple à traiter.

Nous osons demander à Sophie si elle accepte, avec le diagnostic de « *tendance dépressive* » celui d'une légère *hystérie* associée ? Ce serait une forme atténuée de la grande hystérie d'autrefois. Elle frappe de nos jours des femmes souvent émancipées et actives, et nombre d'hommes également. Ils ressentent dans leur corps des troubles divers et pénibles surgissant quand les émotions ressenties forment un *trop-plein* : « *Ça déborde ! je n'en peux plus !* » ou bien l'ancienne formule : « *La coupe est pleine !* » Plus moderne : « *J'en ai marre !* » Le mot hystérie ne choque pas Sophie. Il ne lui fait pas peur. Elle acquiesce.

* * *

Pour l'heure, Annette n'a pas encore accompli le chemin de lucidité de Sophie. Elle annonce au dernier médecin qu'elle a rencontré : « *J'ai vu tous les docteurs, ils ne comprennent rien à mon cas.* » Reste l'amère consolation d'être un *cas* !

L'époux, assis à côté d'elle, demeure silencieux, il hoche la tête, il approuve, elle a toujours raison. Elle dit alors au médecin que son « *mari ne sait pas la prendre* ». Il hoche encore la tête. A-t-il vraiment compris ?

* * *

On découvrira peut-être un jour, dans les plis frisés du cerveau ou dans ses régions plus profondes, le socle neuronal et chimique de ces archipels de souffrance, de ce tourment trop réel qui charme certains médecins et « *donne des boutons* » à tous les autres.

HYSTÉRIE

Hystérie, comme une maladie de jadis

Ambroise Paré (XVIe siècle) écrivait :

> « *La matrice a des sentiments propres, étant hors de volonté de la femme […] et quand elle désire, elle frétille, se meut, faisant perdre patience et raison à la pauvre femmelette, lui causant grand tintamarre.* »

Image drôle et drôle d'image, qui remonte à Hippocrate. Elle situe l'hystérie tout entière au-dessous de la ceinture, et la femme avec.

Ambroise Paré ne craignait pas d'ajouter, parlant des « organes » de la femme :

> « *Le siège en est abject. On ne peut considérer sans répugnance le conduit du champ de nature humaine et les immondices qui passent par icelui et ses voisins, le boyau cullier et la vessie.* »

On peut être un savant capable de bouleverser la médecine et néanmoins transcrire dans ses écrits les préjugés abjects de son temps.

* * *

Les images noires de l'hystérie se mêlaient jadis et se mêlent encore parfois à un discours masculin très virulent, plein de mépris à l'égard des femmes. On retrouve ce même mépris dans la partie archaïque des conversations d'aujourd'hui. Par exemple : « *L'hystérie, c'est pour les faiseuses de galipettes* » (gardienne d'enfants) ; ou bien : « *Une femme hystérique a des besoins excessifs de faire l'amour, je ne vois que ça* » (O.S.). Même discours dans : « *Comme disait mon vétérinaire en parlant des problèmes de stérilité des vaches, la folliculine est l'hormone des amoureuses ; ces femmes-là ont peut-être trop de folliculine* » (agriculteur).

Gustave Flaubert, dans son *Dictionnaire des idées reçues* écrivait : « *Hystérie, la confondre avec la nymphomanie* ». Il se moquait évidemment. On l'espère du moins.

L'hystérie est encore parfois interprétée comme une excitation sexuelle intense de la femme, qui sera suivie d'un plaisir coupable. Dans la réalité vécue, la femme n'éprouvait peut-être ni beaucoup de plaisir ni beaucoup de joie. Il en est de même de nos jours dans des situations de contrainte sociale forte, si la femme a été brimée dans son épanouissement.

Elle est alors souvent séductrice et indifférente. L'interdit social peut s'imprimer dans le corps féminin sous la forme d'une froideur qui conduit à multiplier les rencontres.

Une telle « déviance » pouvait jadis entraîner la condamnation à mort de la « coupable ». Il en est encore de même aujourd'hui dans certains pays et dans d'autres cultures. La vie amoureuse et sexuelle y reste strictement confinée.

Depuis le siècle dernier, les *éternelles victimes* ont décidé de se révolter. Leur lutte se poursuit de nos jours sous toutes les latitudes. Un tel combat est aussi un combat contre l'antique hystérie – mais sans que le mot soit prononcé. L'image de la femme et de son corps s'est ainsi trouvée lentement rehaussée.

* * *

On peut entendre désormais un discours qui traduit cette évolution des mentalités. « *Je pense qu'il y a une différence entre paroles et actes, les gens confondent hystérie et hypersexualité* », dit cet ancien directeur de société. » Autre formulation, émanant d'un médecin : « *Quand les médecins ne savent pas ce que c'est, ils disent que c'est **fonctionnel** ou que ça n'existe pas. Quand en plus il s'agit d'une femme, ils disent que c'est hystérique. L'hystérie est une complication due à l'ignorance des médecins.* » Simple, clair, radical : « *L'hystérie, c'est la tête, c'est les crises de mal de tête, et on tombe dans les digues-digues* » (concierge).

* * *

Les termes d'anatomie que les femmes emploient de nos jours sont clairs, précis, et néanmoins pleins de pudeur. Tout d'abord on ne dit plus *matrice*. Le mot a disparu en une ou deux générations. *Utérus* l'a remplacé, mot sans doute moins expressif, mais il est le symbole de la nouvelle dignité de la femme. C'est encore seulement *le moule à bébés* pour cette mère de famille nombreuse. Mais les femmes parlent désormais assez librement entre elles, de leur vie intime autant que de leurs grossesses. Tel homme bâti sur l'ancien modèle, épouvanté par la vue d'une maternité prochaine ne sait que dire : « *Elle est en cloque !* » comme si la grossesse était une monstruosité de la nature…

* * *

Jusqu'au XVIIIe siècle, l'hystérie était considérée comme une possession directe du corps féminin par le Diable. L'opinion commune tenait les hystériques pour des sorcières et les sorcières pour des hystériques. Les tribunaux ecclésiastiques et civils les faisaient brûler sans pitié avec la complicité de plus en plus réticente des médecins appelés à la rescousse pour organiser cette répression séculaire.

On cherchait à ces malheureuses des signes révélateurs d'hystérie, par exemple l'insensibilité de la peau à la piqûre d'aiguille. Un tel constat valait condamnation. Furent ainsi envoyées au bûcher, dans toute l'Europe, et en France notamment, des milliers de femmes que l'on disait jeteuses de sort, dénoueuses d'aiguillette, détentrices de pouvoirs occultes, toutes déclarées saisies par une *possession satanique*. Elles faisaient peur.

Que reste-t-il de la conception démoniaque de l'hystérie dans le discours contemporain ? Assez peu de choses semble-t-il. On la retrouve encore dans certaines régions rurales et dans quelques populations migrantes à Paris : situations clandestines, intenses, douloureuses, secrètes.

On se moque. Une formule a traversé le temps : *le diable au corps*. Mais dans le film d'après-guerre, réalisé par Claude Autant-Lara et qui portait ce nom, il n'y avait nulle hystérie dans les beaux yeux de Micheline Presles, rien que de la passion. On dit aussi parfois : « *Elle a le feu au derrière* », en oubliant que le feu était le symbole et l'instrument du Diable.

* * *

L'hystérie sera redéfinie durant le XIXe siècle par les psychiatres et les neurologues. On découvre alors la *détresse morale* qui se cache derrière ce mal étrange. L'hystérie ne concerne plus la matrice et devient une *maladie des nerfs*, souffrance durable de l'esprit. On parvient à la séparer des « vraies » maladies du système nerveux, dont les signes restent fixes et précis d'un examen à l'autre. Ceux de l'hystérie sont souvent malléables à volonté, soumis à la suggestion du médecin.

* * *

Se dessine ainsi une séparation entre les maladies du corps et celles de l'esprit, entre la neurologie et la psychiatrie. La psychanalyse a contribué à distinguer les deux domaines, dans leur entrelacement que l'hystérie symbolise.

Hystérie, comme une maladie des temps modernes

À la fin du XIXe siècle, dans le service du professeur Charcot (hôpital de la Salpêtrière) le théâtre de l'hystérie s'est joué avec deux troupes très différentes, en situation d'observation et de méfiance réciproques.

Les malades observés

Ils ont souvent du mal à s'exprimer. Ils le font par gestes, mimiques, monosyllabes, silences, ou dans l'explosion d'un long discours. On dit que ces gens sont **« incultes »** : paysans débarqués de leur province, parlant surtout le patois, femmes de service, journaliers, ouvriers travaillant en atelier ou à l'usine. **« Incultes »**, c'est-à-dire porteurs d'une très ancienne culture, surtout rurale, surtout orale, privée d'écriture. Ils sont venus à Paris pour gagner leur vie. Ils y découvrent une autre forme de misère, regroupée dans les quartiers populaires et les faubourgs proches.

Leur maladie prolonge jusque dans l'immense hôpital les *fêtes de fous* qui traversaient leurs villages à la Saint-Jean pendant tout le Moyen Âge. La sarabande s'égare désormais entre les arbres de la Salpêtrière et se termine dans les grandes salles communes, où on les couche tôt.

L'hystérie concernait également *des jeunes filles de bonne famille*. Jean-Marie Charcot leur rendait visite à domicile l'après-midi ou les recevait dans son bel et immense hôtel du boulevard Saint-Germain, quand il avait terminé ses

216

activités charitables à la Salpêtrière : l'hôpital était alors réservé aux déshérités, auxquels on imposait un public de médecins et d'étudiants spectateurs.

Les médecins observateurs

Ce sont des bourgeois en redingote. Ils portent assez rarement l'uniforme du tablier blanc. Ils observent l'autre troupe dans son étrangeté radicale avec une curiosité intense. Ils inventent les mots de la médecine moderne. Ils font, aidés par leurs internes et leurs assistants, des « observations », des dessins, des photographies. Dans la bibliothèque de Charcot, que très peu de gens ont eu l'honneur de visiter, on découvre la neurologie naissante de l'époque. Elle se résumait à quelques fichiers en bois verni, remplis de petites notes manuscrites. De nos jours, les publications concernant la seule hystérie, accolées ensemble, empliraient des dizaines de kilomètres dans la bibliothèque universelle.

En l'absence de toute médication efficace, les médecins de l'époque utilisaient la suggestion pour apaiser les gesticulations de leurs patientes. Elles rechutaient dès le lendemain, presque toujours. Ces rechutes pouvaient entraîner un véritable corps à corps entre malades possédées et médecins contrariés, dans l'espoir d'un « rétablissement » impossible. Cette violence physique leur sera reprochée.

* * *

De la description que les équipes médicales de la Salpê-trière donnèrent de l'hystérie, et que Freud, élève de Charcot, allait enrichir infiniment, plusieurs acquisitions bouleversantes ont pénétré dans le public et se sont déve-loppées jusqu'à nous.

1) Grâce à une transmission progressive des savoirs, beaucoup de gens sauraient aujourd'hui **reconnaître** intuitivement la grande crise d'hystérie de jadis : c'était des apparences de paralysie, d'anesthésie de la peau, d'enraidissement du corps entier, des secousses violentes et généralisées, puis une fin de crise brusque, souvent hâtée par les gestes de la suggestion. Certaines hystéri-ques apprenaient à imiter les véritables épileptiques hos-pitalisées en même temps qu'elles. Mais leurs gestes manquaient de simplicité. Jadis ce « théâtre » était admis, il forçait l'émotion et rameutait les voisines de palier. « *C'était très courant au XIXe siècle, elles s'évanouis-saient, on les réanimait avec des sels* », imagine un ensei-gnant.

En fait ce tableau impressionnant a presque disparu de nos jours en raison des réactions hostiles qu'il ne man-querait pas de susciter.

2) Un autre sentiment s'est affirmé : **rejeter**. Cet homme jeune déclare : « *C'est très éprouvant* », mais il ajoute : … « *pour les autres* ». Sous l'œil critique de la foule, la petite malade apeurée se recroqueville sur elle-même. On pourrait aujourd'hui parler d'une hystérie « *en miettes* », fragmentée en manifestations localisées : dou-leurs de nuque, transes partielles, frémissements légers,

« *mal au cœur* », « *boule* » dans la gorge, « *fourmis* » dans les mains, torsions d'estomac ou de boyau. Et bien d'autres signaux plus ou moins faciles à défricher.

Pour presque rien, on dirait désormais : « *Elle en rajoute, c'est du cinéma, du spectacle, du cirque, du chiqué.* » On veut que tout soit lisse, on se refuse à écouter la bruyante rengaine du mal de vivre. Mais « elles » peuvent parler discrètement de leur *tétanie* ou de leur *spasmophilie :* c'est permis. L'hystérie est devenue verbale et douce.

Son rejet a été intériorisé par la victime : les maladies du corps sont souvent attribuées aux troubles de l'esprit. On reconnaît ainsi, au-delà du raisonnable, la valeur symbolique du langage du corps. Selon cette ligne de réflexion, c'est la *déprime* qui crée la grippe, et non pas le virus ; c'est le *manque de tonus* qui ouvre la route au cancer du sein, et non pas l'apparition des cellules malignes.

Et ainsi de suite.

Hier, tout était « *organique* ». Aujourd'hui tout est « *mental* ». On assiste à une hystérisation progressive des maladies. À la limite, si la « *tête* » n'était pas malade, le corps deviendrait invulnérable.

La *psycho-somatique,* selon laquelle la *psyché* gouverne le soma, est à la fois féconde et simplificatrice. Elle s'est répandue dans le public comme une déferlante de lieux communs. Elle donne une profondeur apparente au discours médical populaire. En fait, rien n'est simple et tout singulier.

3) Un désir de **comprendre** s'est affirmé. On essaie d'analyser les phénomènes visibles de l'hystérie, sans manifester de mépris ni parler de *simulation*.

Dans *Le Médecin malgré lui*, Molière met en scène une jeune fille désireuse d'éconduire le prétendant proposé par son père. Elle feint d'être muette, elle ne dit plus mot. Cette *simulation* très légitime lui permettra de choisir l'homme qu'elle aime. Si elle n'avait pas menti de la sorte avec gaieté, elle aurait peut-être sombré dans l'hystérie ou dans une maladie psychosomatique...

« *De nos jours c'est toute une panoplie de conversions à fleur de peau* » explique ce linguiste. Mais une très vieille dame pourra déclarer avec le sourire, à son médecin : « *Je crois que je suis une hystérique.* » Une jeune femme dit à une amie : « *Je me suis fait faire une prise de sang, comme ça, je saurai si je suis hystérique.* » Elle a pourtant une petite fièvre tenace. Mais le mot ne fait plus peur, il est assumé et même revendiqué, parfois bien à tort.

* * *

Dans ce désir de mieux comprendre, la *tension nerveuse* est invoquée à l'origine des maladies cardio-vasculaires et de beaucoup d'autres malheurs. C'est en partie vrai : les stress répétés favorisent certainement l'hypertension artérielle, et peut-être les cancers du sein, mais sans doute seulement chez les sujets prédisposés.

Il faudrait que chacun puisse faire la part entre son terrain personnel et les facteurs externes dans l'éclosion des maladies. C'est un tri difficile. Les gens préfèrent simplifier. Ils considèrent le plus souvent que tous les maux sont imputables à l'environnement et qu'ils viennent frapper un organisme naturellement sain : si l'hystérie est réellement une *possession...* c'est que la possession vient d'ailleurs !

Les femmes ne sont plus alignées seules sur le banc des accusés : « *Les hommes, les chiens, 50-50, peut-être plus pour les femmes* », annonce avec ironie cet artiste peintre. Tout le monde peut un jour *se faire posséder.*

* * *

Dans une histoire des mentalités, l'hystérie pourrait s'inscrire comme une maladie de la dépendance, un **servage des temps modernes**.

Si la femme s'est trouvée si longtemps seule à être mise en accusation, cela tient à l'infériorité universelle de sa situation sociale. De façon immémoriale, elle a été plus lourdement frappée que l'homme par toutes sortes de brimades, de soumissions, de violences physiques et morales. La loi parlait et parle encore contre elle. Cette situation se prolonge de nos jours dans bien des pays y compris en Europe.

L'esclavage sexuel concerne surtout la femme, qui peut entrer dans l'hystérie pour protester, tout simplement. Mais elle en restera souvent prisonnière.

Le travailleur manuel, manœuvre sur les chantiers, subit également de fortes contraintes. Elles sont d'une autre nature. Pour lui, le conflit principal ne se situe pas dans des relations entre personnes, mais dans la réalité du travail quotidien : soulever, déplacer, porter. Si ces lourdes tâches sont assumées ou plutôt subies durant vingt à trente ans sans promotion aucune, l'usure du *travailleur de force* est profonde, dans son corps et dans sa tête. Elle conduit à une mort prématurée, évidente dans les statistiques de mortalité.

Il s'agit souvent d'un migrant parlant mal le français et souffrant du mal du pays. Il peut entrer, à l'occasion d'un accident de travail, sans gravité, dans ce qu'on appelle une « sinistrose ». Cette maladie a mauvaise réputation. Elle est difficile à saisir. Elle frappe souvent la colonne vertébrale au niveau lombaire. Le mal est d'abord aigu. Il s'atténue ensuite. Mais le refus de reprendre le travail s'instaure quelquefois. Il peut persister.

Face au médecin, le comportement physique de l'accidenté est particulier. Il essaie de dire avec son corps et dans tous ses mouvements beaucoup plus de choses que le corps ne saurait exprimer. Une réticence, une plainte sans paroles plombent tous ses gestes.

Ce comportement diffère notablement de celui d'un lombalgique « ordinaire », plus âgé, retraité, qui récidive de son *tour de reins* en bêchant son jardin. Lui aussi souffre, mais c'est un homme libre. Il continuera à bêcher, à son rythme, ce qui est rarement possible dans les travaux publics. L'accidenté a des comptes à régler, avec son employeur, avec lui-même, et surtout avec son travail.

La société tend à reprendre à son encontre la vieille accusation de *simulation*. Elle est sommaire. Mais le repos qui se prolonge abusivement n'aidera pas à vivre mieux.

Depuis deux ou trois décennies, on a acquis la certitude qu'une reprise rapide de l'activité, chaque fois qu'elle est possible, est la meilleure solution pour tout le monde.

« L'hystérie » moderne et la « sinistrose » maintiennent leurs victimes dans une situation de dépendance. Elles les installent dans une sorte de passivité douloureuse, pâle reflet de l'ancienne hystérie. C'est une *fuite dans la maladie.*

* * *

Dans une perspective historique à long terme, on se trouve en présence d'une révolte qui n'a pas abouti, et qui se prolonge parfois indéfiniment. L'hystérie, qu'elle soit féminine ou masculine, reste souvent le langage de ceux qui ne savent pas ou qui ne peuvent pas parler, leur riposte muette dans une situation de forte contrainte, la revanche des faibles réfugiée dans la ruse des corps.

* * *

Dans la vie quotidienne

La personne que l'on qualifie communément d'hystérique exprime assez souvent des sentiments élevés ; pour son malheur, ces sentiments tournent court ou se perdent en route, en raison d'une difficulté à les vivre pleinement.

Elle cherche continûment quelqu'un sur qui jeter son dévolu ou sa passion passagère. Elle envoie des messages à tout-va et n'obtient point de réponse qui la satisfasse.

* * *

La personne hystérique ne renonce à rien. Sa forteresse reste pleine d'échos et de bruits : elle éprouve un besoin insatiable d'autrui, sa recherche vaine semble lui procurer du plaisir et renforce son désir de séduire.

Dans une situation très affligeante – comme la mort brutale d'un parent proche – il peut arriver que la personne hystérique ne se sente nullement affligée ; ce décalage est douloureux, il est ressenti par elle comme une faute, elle en vient à une agitation vaine – telle la pleureuse professionnelle d'autrefois, qui se manifestait bruyamment à l'enterrement d'un notable qu'elle n'avait jamais vu. L'hystérique vit une expérience analogue, mais à l'intérieur de sa propre famille.

Elle méconnaît les sentiments spontanés. Tout est calcul et retournement. Ses échecs relationnels répétés ne parviennent pas à l'instruire.

RÉGRESSION
DE L'ENFANCE AU GRAND ÂGE

« Tu es en pleine régression ! » Il se recroqueville sous l'injure. Par l'analyse des souvenirs d'enfance, on sait aujourd'hui que la défaite d'un individu ne se fait pas dans le désordre, mais qu'elle parcourt en sens inverse les étapes de sa construction.

Édification, érection, régression, reconstruction : tel est le sort commun des hommes et des femmes, plus ou moins manifeste tout au cours de leur vie.

L'enfant progresse, grâce à une série de sauts, vers l'âge adulte. S'il se heurte à des obstacles qu'il ressent comme insurmontables, il peut s'arrêter de grandir, ou même faire un écart en arrière.

On peut, pour simplifier, comparer la régression ponctuelle d'un individu à l'acte de rétrograder de vitesse en voiture : si la pente à grimper devient trop raide pour le moteur, le « passage en première » lui donne à nouveau l'allant nécessaire ; c'est « en première » que le véhicule s'économise et rassemble son énergie, dans l'attente d'une nouvelle accélération.

* * *

Pour Freud, la régression se définit par un retour de la libido vers un état infantile moins bien organisé.

L'enfant revient à des satisfactions archaïques : à la naissance d'un petit frère par exemple, l'aîné se remet à sucer son pouce, à réclamer lui aussi un biberon, à *faire pipi au lit* ; il affirme ainsi qu'il est redevenu « *petit* ».

C'est une fuite hors de la réalité. Elle lui porte préjudice, mais donne lieu à d'autres plaisirs. On se satisfait de moins, tout simplement.

L'hystérie est un bon exemple de régression, avec son cortège de *bénéfices secondaires*.

Une régression normale, connue de tous, se réalise dans les rêves de chaque nuit. Il peut s'agir d'un retour des craintes infantiles, ou d'une aventure vertigineuse que le rêveur suit d'un œil intérieur inquiet, ou de paysages familiers qui deviennent d'une angoissante beauté : l'esthétique qui s'épanouit parfois dans le rêve aide à recomposer les forces du jour.

* * *

La vie ordinaire s'organise autour d'échanges relativement équitables : c'est un *donnant, donnant,* entre des adultes responsables.

L'enfant en régression réclame au contraire attention et indulgence sans pouvoir offrir de contrepartie. Si l'adulte auquel il a affaire manque de sensibilité et d'amour, l'affrontement avec un tel enfant devient inévitable. On en voit souvent éclater sur les trottoirs, de ces chamailleries interminables entre un gamin boudeur qui refuse de marcher et un adulte pressé qui le tire par la manche. L'un et l'autre adoptent une relation dure que la haine parfois simplifie. Les disputes continuelles inter-âges sont une source assurée de régression… pour tous.

* * *

Freud pensait que le facteur « organique », et non le facteur « psychologique » domine dans la régression. Cette remarque, un peu étonnante sous sa plume, fait penser à une autre régression, assurément très « organique » et devenue fréquente de nos jours : celle du **grand âge**, rançon de la longévité croissante.

On peut voir s'y défaire, progressivement, tout ou partie des comportements acquis depuis l'enfance : marcher, raisonner, décider, aimer, s'intéresser au monde, et jusqu'au contrôle des émonctoires naturels, première étape acquise de notre liberté.

Cette régression-là est souvent beaucoup plus redoutable que les inévitables cahots d'un enfant qui grandit. La combattre avec énergie enracine l'être humain dans une nouvelle liberté – dont lui – même et les siens sauront tracer les limites.

CRAQUER, CRAQUANT
OU LES FRACTURES DE L'ÂME

L'onomatopée est un mot imitant un bruit : *craquer, craquant* se situent dans ce champ sonore du langage

Le verbe italien *crepare* (« crever »), le verbe anglais *to crack* (« craquer, se fissurer ») ont la même résonance évocatrice. Tous décrivent une brisure de la matière ou de l'esprit (*crack-brained* : « fêlé du cerveau »).

Le mot *crack*, venu de l'anglo-américain, appartient au langage des toxicomanes ; il désigne un dérivé très pur et très toxique de la cocaïne. Miroir aux alouettes du bien-être, il casse en pièces les *addicts*.

Quant au *crash* terrifiant de l'avion qui s'écrase, c'est un craquement à la puissance mille. Il peut briser en un instant quelques centaines de touristes.

*****

La **signification dramatique** est ainsi prédominante.

Craquer indique souvent le moment précis où survient l'effondrement intime d'une personne : tel jour, telle heure, *elle a craqué,* comme du bois sec qu'on écrase en marchant dans un bois.

Quand en 1962 l'actrice emblématique Marilyn Monroe s'est suicidée ou s'est fait suicider, elle était en train de tourner un film au titre prémonitoire : « *Quelque chose va craquer.* »

« *Enfant abandonnée d'une mère alcoolique* » : c'est ainsi que débutent tous ses *curriculum gloriae* ; jeune femme infiniment belle et blonde, poupée écrabouillée par le désir d'hommes illustres, elle avait tout pour séduire.

Il ne lui restait plus qu'à disparaître pour passer du rôle de mythe vivant à celui de mythe absolu. On ne peut plus désormais casser l'idole, on pourra l'adorer sans lui nuire.

* * *

La **signification joyeuse** est apparue ensuite.

Elle exprime l'élan heureux de la jeunesse d'aujourd'hui, surtout sous la forme de l'adjectif : « *Il est craquant* » qui est un cri d'enthousiasme.

« *Je craque pour lui* » est une déclaration d'amour que l'on prie de transmettre à l'intéressé.

Ainsi va le langage, plein de surprises et de retournements.

* * *

Craquer tout seul, c'est l'horreur, craquer à deux, c'est la joie.

LES NERFS DANS LES PROVERBES ET LA LANGUE POPULAIRE

Le trésor des proverbes

Sur près de cinq mille proverbes recueillis au XIXe siècle dans les régions rurales françaises, Françoise Loux n'en a relevé qu'un seul contenant le mot *nerf* [1] et aucun pour *nerveux*, et *neurasthénie*. Le savoir paysan a été rétif à recevoir ces trois mots issus de la psychiatrie.

C'est la tête et le cerveau qui s'y trouvent représentés dans ces deux dictons : « *La tête travaille plus que les bras* » ou : « *la tête fait courir les jambes.* » La tête commande, les nerfs ne font qu'obéir.

---

1. Le voici : « Pour une femme qui a des maux de nerfs, le meilleur remède est le bâton »…

Le langage populaire

Il mêle souvent le mot *nerfs*, mis au pluriel, avec un mépris certain de la femme. On entend souvent : *les nerfs en boule*, *les nerfs en pelote*, *les nerfs à fleur de peau*. Un degré de plus : c'est *la crise de nerfs*, explosion libératrice.

Ne vous étonnez pas que Valérie soit *à bout de nerfs* en fin de semaine. *Elle passe ses nerfs* sur sa marmaille. Elle *tape sur les nerfs* de son mari, qui voudrait regarder la télévision tranquille.

Toutes ces expressions ont vieilli, mais elles n'ont pas été remplacées. Elles ont une richesse d'images qui en assure durablement la survie

Nerveux

Entre la fin du XVIIIe siècle et le début du XIXe, le sens du mot *nerveux* bascule.

En 1801, Macquart, dans son *Dictionnaire de santé*, annonce deux significations opposées :

- *« On passe pour avoir un tempérament nerveux quand la nature a donné une complexion forte, qui s'annonce par des muscles très exprimés, par la faculté de se livrer long-temps aux plus violents exercices, enfin par une énergie que le complément seul de la santé peut exprimer »*, telle était la définition ancienne. Une vieille formule l'illustre encore parfaitement : *« Il a du nerf. »* Affaire de muscle, affaire d'homme ;

- *« On a encore une constitution nerveuse quand on est très sensible, très irritable, très délicat. »* : telle est la définition toujours actuelle. Une formule la résume au mieux : *« Madame a ses nerfs. »* Car c'est souvent une histoire de femme.

On dit aussi quelquefois en parlant d'un homme : *c'est un grand nerveux.* Le *grand nerveux* est émotif, irritable, jamais maître de lui, en proie à quelque démon qui le désorganise. Il manque d'énergie, peut-être de virilité ?

Pour décrire en un mot ces personnages : ce sont des *agités*.

* * *

Le mot *nerveux* a beaucoup vieilli, il est surtout utilisé de nos jours par les personnes âgées. L'une d'elles nous a dit : « *Ma mère avait fait un peu d'asthme, mais c'était nerveux ; ma fille en fait aussi, mais c'est psychosomatique.* » Elle change ainsi de terme selon la génération qu'elle désigne, comme si l'articulation nouvelle entre le « soma » et la « psyché » était devenue à la fois plus évidente et plus subtile.

* * *

Le terme *nerveux* reste encore plein de mystères comme du temps de Flaubert, au milieu du XIXe siècle. Il écrivait, dans son *Dictionnaire des idées reçues* : « *Nerveux se dit chaque fois qu'on ne comprend rien à une maladie, cette explication satisfait l'auditeur.* »

Le jeune Freud revenant de son stage à Paris chez le professeur Charcot s'était consacré aux malades « *nerveux* » ; il les avait étiquetés « *hystériques* ». C'était le premier déchiffrement psychanalytique. Freud précisait que l'hystérie est également une maladie masculine.

Le progrès du temps présent se résume sans doute à avoir remplacé *nerveux* par *psychosomatique*, comme l'annonçait la vieille dame citée plus haut. De ces deux adjectifs se dégage un même parfum de maladie énigmatique, peut-être imaginaire. Entretemps, *hystérique* était devenu une injure de « *macho* ».

À chaque mot son époque. Le vocabulaire évolue vite, les mots se bousculent, alors que les sentiments et les idées piétinent.

Neurasthénie

Un mot qui date

Le mot *fatigue*, apparu au XIVe siècle, domine toujours nos conversations pour exprimer les innombrables formes de lassitude humaine.

Depuis sa création (1796), le mot *asthénie* n'est jamais parvenu à s'introduire dans le langage courant. Et pour cause : il n'apporte rien de plus au mot *fatigue* : il a permis aux médecins d'enrichir leur jargon.

Pour le rendre populaire, il aura fallu ajouter à ce mot un préfixe qui l'oriente dans la bonne direction, celle qui va séduire tout le monde : la psychosomatique. ***Neur**-asthénie*, inventé par l'Américain Beard à la fin du XIXe siècle, ***psych**-asthénie* (Janet en 1903) mettent la fatigue moderne à sa vraie place : dans les nerfs (neuron) et dans l'esprit (psyché). En France on a préféré dire *neurasthénie* qui faisait écho à l'ancienne *maladie des nerfs*, déjà bien connue du public.

La future médecine psychosomatique s'y trouve tout entière pressentie, depuis la migraine, couronne royale des femmes réservées, jusqu'à la *gonflette* de ceux qu'on appelait les *déséquilibrés du ventre*.

* * *

Le professeur Jules Déjerine (1849-1917) de la Salpêtrière regroupe, en 1911, ce vaste ensemble de plaintes sous le terme de « *manifestations fonctionnelles des psychonévroses* ». Tous les organes y expriment à leur façon les tourments de tête et l'appauvrissement général de la vie (« *sexual neurasthenia* » disait Beard). On ne pouvait y rattacher de lésion objective évidente, ce qui faisait tout le mystère de cette longue liste de souffrances.

Freud pourtant très novateur en matière de langage a conservé le mot *neurasthénie*. Il lui assura ainsi un puissant relais. Il l'opposa à la névrose d'angoisse dans laquelle l'état d'**excitation** domine et non pas l'état d'**épuisement**.

Et de nos jours encore tout le monde est *fatigué, épuisé,* ou bien *énervé, angoissé :* la distribution est la même ; et on peut cumuler !

* * *

Si l'une des fonctions premières du langage psychiatrique est de fournir un soutien moral à la personne qui souffre, le mot *neurasthénie* a bien rempli ce rôle : il a habillé d'un vêtement doré la fatigue de vivre et lui a donné, pendant deux ou trois générations ses lettres de noblesse.

* * *

Comme les mots de même origine (*nerf, nerveux*), ce terme a beaucoup vieilli. Marcel Proust parlait d'une « *maison de santé pour neurasthéniques* » – ce qui situe parfaitement le terme dans l'environnement social de l'époque.

Il n'est plus guère utilisé que par des personnes âgées. Mais il est compris de tous. « *C'est un mot de la psychiatrie traditionnelle qui ne s'emploie plus du tout, c'est égal au bovarysme* », remarque un linguiste.

Une méfiance profonde à l'égard du neurasthénique perce dans bien des discours. Une femme âgée : « *J'ai une amie neurasthénique, ce n'est d'ailleurs plus une amie car elle est en train de me faire devenir dingue avec son marasme constant, elle voit tout en noir et je ne la supporte plus, j'espace de plus en plus, c'est un peu lâche, mais enfin que faire !* » Plus sévère encore : « *Il faut les enfermer à Charenton pour voir quelqu'un de la tête* », affirme cette gardienne d'immeuble.

* * *

Mot dévalué, un peu ridicule, encore vivace, *neurasthénie* a du mal à s'éteindre. *Dépression*, d'usage plus récent, objectivement tout aussi lourd, ne comporte pas la même charge hostile. Et moins encore *déprime*, apparu au début des années 1970, terme populaire et coulant.

Le changement d'appellation amène une atténuation progressive de la violence du sens. On dira : « *Il a fait une "petite" déprime.* » On utilisera même des mots légers et

239

jolis, comme *blues* ou *flip*. Un mot-clé de notre époque : *dédramatiser*. Le poète conseille : « *Glissez mortels, n'appuyez pas.* »

Mais vous n'entendrez jamais : « *Il a fait une "petite" neurasthénie.* » La déprime passe, la neurasthénie s'incruste. On **fait** une déprime, on **est** neurasthénique.

Et pire encore peut-être : on **naît** neurasthénique.

C'est dans les vieux mots que s'agitent les vieilles peurs !

Sexuel, sexe, sexualité

L'adjectif sexuel

Il est tellement embarrassé de lui-même qu'il a fallu le talent d'un Jean Laplanche[1] pour s'aviser de signaler que *sexuel* recouvrait en fait chez Freud deux sens différents.

L'un restrictif : *Geshlecht,* désigne la seule **activité génitale** qui se réalise dans l'union des deux sexes et s'épanouit dans une fécondation et la naissance d'un enfant.

L'autre étendu : *sexual,* exprime en allemand la sexualité dans son sens le plus large : celui de l'**amour,** qui au-delà de l'acte « charnel » exprime toute la gamme des sentiments amoureux :

- celui que l'on ressent pour son père et sa mère (œdipe) ;

- et l'amour de soi-même (narcissisme) ;

- et l'amour-amitié (homosexualité ?) ;

---

1. *Traduire Freud*, PUF, 1989.

- et l'amour des **objets**, fétiches ou non fétiches ;
- et l'amour des **idées** sur les ailes déployées de la *subli-mation*.

La pulsion « physique » forme le faisceau central de la gerbe d'amour. Elle en est l'axe intense et le plus lumineux. Elle rayonne alentour. Elle ne s'éteint jamais :

- présente dès la première enfance, bien avant la période de maturité génitale ;
- présente jusqu'à la mort : les rêves et les confidences des vieilles personnes en témoignent…

* * *

Le « sexe »… c'est le vice et la pornographie !

Le sexe est ce lieu redoutable du corps par lequel l'espèce humaine s'enracine au plus près dans le règne animal. C'est le point de faiblesse de notre architecture. Un très ancien objet de damnation et condamnation : n'était-ce le péché d'Ève ?

Freud a exploré cette grotte ténébreuse où le sexe vit seul et cherche à s'échapper. Il y a découvert les peurs nocturnes de l'âge de pierre : une nature sauvage enveloppait alors les cavernes, et cette sauvagerie était habitée par des dieux.

De ce sexe brutal, on parle de nos jours de plusieurs façons :

- la plaisanterie grasse est toujours présente, masculine, malsonnante ;

- ou bien tel mot d'esprit ;

- ou le simple clin d'œil ;

- ou souvent le silence : *elles* préfèrent ne rien dire.

Dans le discours vulgaire, qui dit sexe dit vice, et dit pornographie : l'ensemble est cohérent. Et c'est alors Pigalle, ses néons, son néant, les sex-shops dans tous les quartiers, et les films X sur les chaînes cryptées.

On peut de nos jours, grâce à l'échographie de la femme enceinte, prévoir le sexe d'un enfant plusieurs mois avant sa naissance alors que certains adultes ne parviennent jamais à accepter le leur : telle est la complexité de la nature humaine.

Tout ce déchaînement autour d'un simple mot ne doit point faire oublier *l'objet du délit* : cette réalité charmante et séduisante que Gustave Courbet a peinte en l'appelant *L'Origine du monde.*

***

Le mot sexualité

Il est plus paisible, moins abrupt en apparence.

Mais des symptômes agitent l'immense multitude du peuple insatisfait. Ces symptômes ont à voir avec notre *inconscient.* Le mal reste dedans et rien n'est transparent dans la nature humaine : le trouble se répand dans notre destinée.

C'est l'inconscient qui fait le tissu de nos rêves, le tiers de notre vie se consume à les voir : aussitôt réveillé, aussitôt disparus ! Et c'est le *refoulement* qui conduira le bal :

- tantôt la personne ne ressent pas vraiment le trouble qu'elle signale et c'est l'effet produit qui seul compte pour elle ;

- tantôt elle vit le trouble sans en apercevoir la secrète racine. Éternel décalage !

Dans cet autre nous-même : un nous – même enfoui ! Nous faudra-t-il toujours ainsi dissimuler et surgir en un point où nous n'existons pas pour offrir une pomme quand nous sommes une orange ?

Et voici les misères de la *psychosomatique* qui cognent tant les têtes et cognent sous la peau qu'elles en deviennent vraies.

Est interdit à l'homme l'espoir de devenir un être souverain !

Il s'ensuit que la « bête humaine » ne sera jamais animale. Bien souvent elle y songe. Elle s'en approche… en pire. Elle n'y parviendra pas : « *aucune bête au monde* » n'a sa perversité !

Le **sens** et le **langage** sont « *le propre de l'homme* » : par eux se définit l'humaine humanité.

Comme souvent, le poète suggère la vérité : « *Ce qu'il y a de plus subtil dans l'homme, c'est la sexualité*[1]. »

---

1. Julien Gracq, *Lettrines*, Paris, José Corti, 1986.